newlamp

Paolo Borromeo d'Adda

newlamp

Catalogo ragionato
Catalogue raisonné
1969-1973

saggio critico di / critical essay by
Matteo Pirola

SilvanaEditoriale

L'Associazione Culturale Archivio Newlamp nasce con lo scopo di promuovere e tutelare la produzione, avvenuta tra il 1969 e il 1973, di eccezionali lampade scultura, in pochissimi esemplari originali, quale prezioso patrimonio nella storia del design italiano. Grazie all'esclusiva e ampia documentazione cartacea, raccolta in più di quindici anni di ricerche, grazie al possesso della più ampia collezione di esemplari originali e infine, non ultimo, grazie alla cessione dei diritti da parte di Sonia C. Vento, Paolo Borromeo d'Adda a oggi si ritiene essere la persona più qualificata per selezionare valutare e certificare le sculture luminose Newlamp originali.

The Cultural Association Archivio Newlamp was established with the aim of promoting and safeguarding a valuable heritage in the history of Italian design, i.e. the few surviving pieces of a series of sculptural lamps created between 1969 and 1973. Thanks to the exclusive and extensive paper documentation, collected over more than fifteen years of research, and the assignment of rights by Sonia C. Vento, Paolo Borromeo d'Adda – owner of the largest collection of these vintage pieces – is currently considered to be the most qualified person to select, evaluate, and certify original Newlamp lighting sculptures.

Ringraziamenti / Acknowledgements
Sean Bentley
Daniele Cheli
Fabrizio Cocchia
Paolo Cortopassi
Luca Della Valle
Umberto Eusepi
Fulvio Ferrari
Gianfranco Fini
Andrea Masson
Luciano Napoleoni
Yuliya Solovyova
Sonia C. Vento

Biblioteca Nazionale Centrale di Firenze
Biblioteca Nazionale Centrale di Roma
Politecnico di Milano, sede di Milano Bovisa

NL NewLamp

www.newlamp.it

Sommario
Contents

new lamp roma

La riscoperta di Newlamp e i suoi protagonisti

Paolo Borromeo d'Adda

The Rediscovery of Newlamp and Its Protagonists

Una piccola azienda di Roma, tra il 1969 e il 1973, realizzò alcune tra le lampade più innovative e belle al mondo, passando quasi inosservata e sparendo improvvisamente in modo misterioso, come una meteora, senza lasciare alcuna scia dietro di sé.

A dire il vero, qualche piccola traccia era rimasta. Ed è stato proprio seguendo questa traccia che ho scoperto tutto, ma proprio tutto, sui segreti che avvolgevano la sua storia da quasi cinquant'anni, sviscerando, non senza difficoltà, l'intricato mistero della sua apparizione e della precoce scomparsa, ed evidenziando come abbia potuto realizzare, unica al mondo, delle lampade che in realtà erano delle vere e proprie sculture luminose ancora oggi sbalorditive. Ebbene sì, Newlamp può essere oggi considerata, senza alcun dubbio, la più prestigiosa ditta al mondo nel settore della produzione dell'illuminazione moderna di design, mentre le opere realizzate possono, anzi devono, essere considerate a tutti gli effetti, nel campo della scultura e quindi arte moderna e contemporanea, tra le più straordinarie e rare.

Dei circa cinquantacinque modelli, ogni singolo esemplare veniva realizzato a mano da pochi artigiani specializzati, chi nel campo dell'acciaio, chi in quello del plexiglas e così via, e ogni pezzo era unico, diverso dagli altri per dettagli, colori, parti e in alcuni casi specifici addirittura misure. Le lampade, o meglio le sculture luminose, venivano disegnate e realizzate esclusivamente per iniziativa di uno tra i designer e personaggi più interessanti, e fino a oggi pressoché sconosciuti, della Space Age, il fondatore e proprietario di Newlamp, Mario Vento. Vi racconterò la sua storia, vi mostrerò per la prima volta le sue fotografie, vi farò scoprire come nacque Newlamp e come sparì improvvisamente, lasciando un vuoto nel panorama dell'illuminazione a livello planetario pressoché incolmabile e incolmato.

Quasi dieci anni fa, appassionato in particolar modo dell'illuminazione di design, iniziai a interessarmi alle lampade e mi feci presto un'idea della differenza tra le lampade disegnate da geniali personaggi e poi realizzate a livello industriale e quelle invece prodotte artigianalmente. Nei mercatini trovavo bellissime lampade in acciaio, realizzate dai produttori più conosciuti, quali Artemide, Flos, Stilnovo, Arredoluce, fino a quelle meno conosciute – Azucena, Sirrah ecc. –, e disegnate dal gotha del design italiano e quindi mondiale – Gae Aulenti, Joe Colombo, Ettore Sottsass, Achille Castiglioni, Angelo Lelii, per citare solo alcuni nomi illustri –, ma c'era qualcosa che non mi convinceva.

E non era solo perché ogni tanto le ritrovavo anche nei negozi e ancora in produzione tali e quali, ma si trattava della frequenza con cui le incontravo ovunque, in internet, nei mercati e mercatini o nelle aste internazionali. Così ho cominciato a ragionarci sopra e mi sono detto che forse avrei dovuto cercare gli oggetti più rari, avrei dovuto guardare oltre la produzione industriale, perché bene o male, per poter essere prodotte in fabbrica e in decine di migliaia di esemplari, le lampade dal disegno geniale originale dovevano per forza perdere qualcosa. Tutto doveva venire semplificato per poter adattare l'idea al macchinario che la realizzava, modificare il disegno dell'architetto per adattarlo all'oggetto finale che usciva dalla catena più o meno automatizzata di costruzione e montaggio. È stato allora che ho avuto 'l'illuminazione.' Tutti mi parlavano di *Luce. Lampade 1968-1973: il nuovo design italiano*, il bellissimo libro del mio caro amico Fulvio Ferrari, che ancora ringrazio per questo: lui stesso designer di illuminazione, negli anni aveva

Iscrizione della ditta Newlamp
alla Camera di Commercio
Industria Artigianato
e Agricoltura di Roma,
19 aprile 1969
Registration of the company
Newlamp with the Chamber
of Commerce, Industry, Crafts
and Agriculture of Rome,
19 April 1969

Between 1968 and 1974, a small, Rome-based company created some of the most beautiful and innovative lamps in the world in relative obscurity, until it vanished as suddenly and mysteriously as a meteor, leaving no trail behind.

Truth be told, a few small traces had remained. Thanks to which I learned *everything* about the secrets that had shrouded the company's history for nearly 50 years. I delved into the intricate mystery of its emergence and premature disappearance, unravelling the details with a certain difficulty. I highlighted how the company, unparalleled worldwide, managed to create lamps that were actually genuine light sculptures that continue to astonish to this day. Indeed, today Newlamp can undoubtedly be viewed as the most prestigious firm in the world to produce modern designer lighting, while the pieces produced can – or rather, *should*, for all intents and purposes – be seen as the rarest and most extraordinary in the field of sculpture, and thus as modern art.

Each and every one of the approximately fifty-five models was handcrafted by a small number of artisans – some specialised in working steel, some in Plexiglas and so on – and each piece was

CAMERA DI COMMERCIO INDUSTRIA ARTIGIANATO E AGRICOLTURA
R O M A

PROT. N. 5888

VISTO IL REGISTRO DELLE DITTE, TENUTO DA QUESTA CAMERA A NORMA DI LEGGE,

S I C E R T I F I C A

CHE IN DETTO REGISTRO RISULTA QUANTO SEGUE RELATIVAMENTE ALLA DITTA APPRESSO INDICATA

ISCRIZIONE N.320474, DATA ISCRIZIONE 19- 4-1969

* FORMA GIURIDICA *
SOCIETA A RESPONSABILITA LIMITATA

* DENOMINAZIONE *
NEWLAMP - SOCIETA A RESPONSABILITA LIMITATA

* SEDE *
ROMA, VIA DEGLI ETRUSCHI, 22

* ESTREMI DI COSTITUZIONE *
ROG.NOT.CAPASSO RAFFAELLO IN ROMA
REPERTORIO N.058525 IN DATA 24-03-1969

* CAPITALE SOCIALE *
LIRE 300.000 SOTTOSCRITTO, LIRE 90.000 VERSATO

* OGGETTO SOCIALE *
PROGETTAZIONE, STUDIO E FABBRICAZIONE DI APPARECCHI DI ILLUMINAZIONE E COMPLEMENTI DELL ARREDAMENTO IN GENERE, SIA IN PROPRIO CHE PER CONTO TERZI.

* UNITA LOCALI DIPENDENTI E ATTIVITA ESERCITATE *

ROMA, VIA DEGLI ETRUSCHI, 22
LABORATORIO PER LA FABBRICAZIONE DI APPARECCHI DI ILLUMINAZIONE E COMPONENTI DELL ARREDAMENTO IN GENERE.

* DATI RELATIVI ALLA AMMINISTRAZIONE *
* COMPOSIZIONE-DATA DI NOMINA-DURATA IN CARICA *

AMMINISTRAZIONE AFFIDATA A DUE AMMINISTRATORI
NOMINATI IL 27-6-1970
PER LA DURATA DI TRE ESERCIZI SOCIALI SCADENTI IL 31 DICEMBRE DI OGNI ANNO

* DATI RELATIVI AGLI AMMINISTRATORI *
* QUALIFICA-DATA DI NOMINA-GENERALITA *

AMMINISTRATORE
CONFERMATO IL 27-6-1970
VENTO MARIO
NATO A ROMA IL 28-12-1930

SEGUE A PAG. 2

raccolto alcuni esemplari molto rari
di lampade, che per la loro fattura o per
la loro qualità erano indubbiamente tra
le lampade più rare in circolazione. Dalla
lettura di questo libro, come si può
immaginare, mi si aprì un mondo
fantastico, fatto di oggetti preziosi,
di opere tra le più entusiasmanti realizzate
dall'uomo dove la lampada non era più
solo un complemento d'arredo, ma nel suo
estro creativo, nella sua complessa
realizzazione assumeva i connotati
di un'opera d'arte, di una scultura, che poi
si illuminava anche. La sua luce non era
da lettura o da illuminazione di interni,
la luce che proveniva da quella scultura
conteneva in sé anche il genio del
disegnatore, perché dava vita a un'altra
opera d'arte, l'effetto luminoso che
sprigionava: con lampadine
incandescenti, cromate opaline
o addirittura al neon, ma tutte con una
luce inconfondibile progettata
appositamente per creare tutt'intorno
un'atmosfera quasi surreale, capace
di ispirare gli stati d'animo più diversi,
la gioia, la tristezza, il relax, l'energia.
La capacità di stupire e attrarre chi
sceglieva di esporla nella propria casa,
secondo i propri gusti, le proprie attitudini
e la propria sensibilità, proprio come
un quadro o una scultura, ma con
la differenza che l'opera luminosa

a un certo punto prendeva vita,
si collegava con quel filo sottile di rame
e trasformava l'energia elettrica
in un bagliore ogni volta diverso e ogni
volta stupefacente, giocando con
le ombre e il buio.

Durante la lettura di *Luce*, mi apparve
subito evidente che molte di quelle
eccezionali lampade riportavano lo stesso
nome, Newlamp. Preso da una sorta
di innamoramento a prima vista, cercai
di trovare maggiori informazioni
sull'azienda, tipo di chi era, chi disegnava,
chi costruiva e dove, ma con enorme
sconforto, a parte qualche misura
e un foglio con degli schizzi, non trovai
proprio nulla. Mi chiedevo come mai
Fulvio Ferrari non avesse approfondito
l'argomento, che di certo risultava
interessante, le lampade sembravano
essere bellissime ed erano rarissime,
allora perché non andare oltre?
La verità è che *nessuno* fino a oggi
ne sapeva nulla né possedeva
gli strumenti per una maggiore
conoscenza. La storia di Newlamp era
destinata all'oblio eterno se qualcuno non
avesse avuto un lampo di genio.

Iniziai quindi a cercare altre fonti:
possibile che nessuno al mondo avesse
cercato di documentarsi sull'origine

one-of-a-kind, differing from the others as to details, colours, parts and, in certain cases, even measurements. The lamps – or, rather, the light sculptures – were designed and created exclusively thanks to one of the most interesting – and, until today, relatively unknown – designers and figures of the Space Age: Mario Vento, founder and owner of Newlamp. Here, I will tell his story and, for the first time, show his photographs; I will speak about how Newlamp came to be and how it suddenly vanished, leaving an all but unbridgeable – and as yet unbridged – gap on the lighting scene at a global level.

Nearly ten years ago, my keen interest in designer lighting led me to take an interest in lamps, and I soon formed an opinion on the difference between lamps designed by brilliant people and then manufactured industrially, and handcrafted lamps. In flea markets, I found beautiful steel lamps made by well-known manufacturers such as Artemide, Flos, Stilnovo, Arredoluce, and even lesser-known ones like Azucena, Sirrah, etc. These were designed by the élite of Italian and global design, including luminaries such as Gae Aulenti, Joe Colombo, Ettore Sottsass, Achille Castiglioni, Angelo Lelii, to name just a few. However, something didn't sit right with me.

And not only because I occasionally found identical ones still in production and in stores, but it was the frequency with which I encountered them everywhere – online, in markets, or at international auctions. So, thinking it over, I told myself that perhaps I should seek out rarer items, look beyond industrial production. Because for an ingeniously designed lamp to be mass-produced in the tens of thousands, it had to – one way or another – lose something. Everything had to be simplified so as to adapt the idea to the machinery that produced it and to modify the architect's design to fit the final product emerging from the more or less automated manufacturing and assembly line. That's when I had an "illumination". Everyone was talking about *Luce. Lampade 1968-1973: il nuovo design italiano*, the beautiful book by my dear friend Fulvio Ferrari, who I still thank for this. A lighting designer himself, over the years he had collected some very rare types of lamps which, due to their craftsmanship or quality, were undoubtedly among the rarest lamps in circulation. In reading this book, as you can imagine, a fantastic world opened up for me, filled with exquisite objects: some of the most exciting works ever created by humankind, where a lamp was no longer just a furnishing accessory.

Instead, in its creative inspiration and complex realisation, it took on the features of a work of art, a sculpture that also gave light. But not for reading or interior illumination; the light emanating from such a sculpture contained the genius of the designers themselves, because it brought another work of art to life – the luminous effect it emitted, with incandescent, chromed opaline or even neon bulbs, but all with an unmistakable light specially designed to create an almost surreal atmosphere all around, capable of inspiring various moods: joy, sadness, relaxation, energy. The ability was to amaze and to attract those who chose to display it in their homes, according to their tastes, interests and sensitivity, just like a painting or a sculpture. The difference was that, at a certain point, the luminous work came to life, connected with the thin copper wire and, playing with shadows and darkness, transformed electrical energy into a glow that proved endlessly unique and astounding.

While reading *Luce*, it instantly became clear to me that many of these exceptional lamps bore the same name: Newlamp. Caught up in a kind of infatuation, I sought more information about the company – its founders, designers, manufacturers and location.

Unica foto a colori dello stand
Newlamp all'11° Salone del
Mobile di Milano del 1971
con moltissimi modelli esposti
The only colour photo of
the Newlamp stand at the
11th Salone del Mobile
in Milan, 1971, with many
models on display

11° Salone del Mobile Italian

foto BARTOLONI MILANO
VIA MOSE BIANCHI 45 TEL 4696492

Pagina tratta dalla rivista
"Arredorama", luglio-
settembre 1971, in cui
compaiono i modelli Interior
e Quasar Wood
Page from the magazine
Arredorama, January–
February 1971, in which
the Quanta, Dedalo, and
Riflessa models appear

nuovi materiali, per natura opachi, in chiave luminosa, perchè oltre al valore ed all'effetto illuminante possono nascere degli oggetti veramente
belli sia a livello grafico che sul piano figurativo.

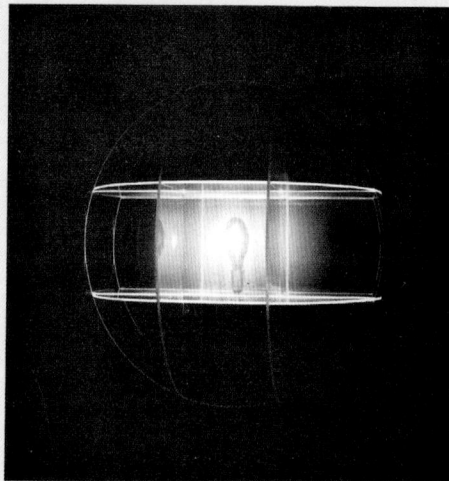

*Nella pagina di fronte: lampada in perspex e polistirolo
sotto vuoto, concepita come oggetto-scultura luminosa.
Designer: George Sowden. Produzione: Planula, Agliana
(Pistoia).*
*Sopra a sinistra: « interior », serie di cubi in perspex a
vari colori, blu, lilla, viola, trasparente. La base è in metallo, cromato nella fascia superiore e laccato bianco opaco
in quella inferiore. Design: Design 7. Produzione: New
Lamp, Roma.*
*Sopra a destra: lampada in perspex costituita da vari ele-
menti di forma circolare incastrati fra loro in modo tale
da dare l'immagine volumetrica di una sfera; al centro è
sistemata una lampadina a raggi ultravioletti. Designers:
F. Cocchia, G. Fini. Produzione: New Lamp, Roma.*

25

lampada o per un dettaglio cambiato
in fase di progettazione materiale
dell'oggetto, ma poi la collaborazione
terminava e quindi potevano essere poco
utili alla ricostruzione della storia.

Ogni ricerca riportava al punto di
partenza, era proprio un grande vicolo
cieco. Nella mia vita, ogni volta che mi
sono imbattuto in un segreto, un mistero,
mi sono sempre appassionato alla ricerca
e ho provato a svelarlo; insomma,
mi considero una sorta di Indiana Jones
del nostro secolo: così questa mancanza
completa di informazioni mi fece
appassionare ancora di più a Newlamp
e indagai sempre più a fondo!

La svolta alle mie indagini, e per questo
ringrazio il mio amico S.B., avvenne
quando, dopo numerose e-mail di scambio
di informazioni, lo convinsi a darmi
un elemento che poi stravolse tutto:
si trattava di una foto inedita dell'etichetta
ufficiale con cui le Newlamp venivano
vendute ai negozi, era nera con scritte
bianche, con l'indirizzo della sede –
via degli Etruschi 26, Roma – proprio
la mia città e a due passi dall'università
dove per anni ho frequentato
Giurisprudenza. Ed è esattamente lì
che ebbe inizio la mia avventura durata
quasi dieci anni.

di queste lampade battute ormai
da decenni nelle migliori aste al mondo
a cifre astronomiche? Ebbene, la risposta
era sì. Nessuno aveva trovato nulla.

Il fondatore Mario Vento era sparito nel
nulla, gli operai dispersi, la ditta scomparsa
da un giorno all'altro senza spiegazioni.
Alcuni designer conosciuti che avevano
collaborato con Mario Vento erano spariti,

altri erano ormai troppo in là con l'età per
ricordare o, se ricordavano, sapevano dire
poco di quella lontana esperienza, anche
perché erano collaboratori esterni che
all'epoca lavoravano nel proprio studio,
carta e matita in mano, e poi fornivano
i disegni a Mario Vento. Da lì in avanti,
dopo aver ricevuto il loro compenso,
il contatto con Newlamp era finito. Forse
una litigata qua e là per il nome della

Geometria di Luce della New Lamp   Febbraio 1971

OSAKA
designers
f. cocchla g. fini

COSE D'ARREDAMENTO Di Maria Luisa Bianchetti LODI CORSO ROMA 122

Una mattina inforcai il motorino e mi recai lì, proprio al numero civico indicato sull'etichetta: il piccolo portone scuro era chiuso, non aveva citofono o targhette con i nomi, si trattava dell'accesso esterno alla cantina di un altro civico (così di certo in tanti avevano provato prima di me). Ma non mi diedi per vinto. Iniziai a girare per la via, cercando i negozi e le attività che sembravano più vecchie, tipo quelle con le insegne di una volta mezze staccate o mancanti, per trovare qualcuno che si ricordasse delle attività che risalivano alla fine degli anni sessanta. Feci qualche domanda a un fabbro e in una vecchia cartoleria, ma nessuno ne aveva memoria, erano tutti proprietari della generazione successiva. Finché, girando e rigirando, finii da un antiquario e restauratore di mobili. Mi disse di ricordarsi di un certo Mario Vento e del negozio di arredamenti, ma era troppo piccolo all'epoca, di sicuro suo padre, anche se molto anziano, avrebbe potuto ricordare meglio... Non mi feci tanti scrupoli e mi feci dare il numero. Al telefono il vecchio antiquario ormai in pensione mi raccontò di ricordarsi benissimo l'attività di Mario Vento e mi diede l'informazione che poi si sarebbe rivelata il secondo indizio più importante per la mia ricerca: mi disse che un rappresentante di Newlamp abitava nel quartiere non lontano da lì e che saltuariamente passava a salutarlo. Non potevo crederci. Il muro che ostruiva da decenni il vicolo cieco di via degli Etruschi 26 era caduto e avevo un'occasione più unica che rara di saperne più di chiunque altro fino a quel momento. Mi feci subito dire il cognome e dal giorno successivo cominciai a scorrere tutto l'elenco telefonico alla ricerca del 'mio' signor Eusepi.

Un certo Umberto Eusepi risultò abitare proprio lì vicino e quando chiamai sul numero fisso mi rispose un uomo anziano con la voce sommessa.
"Buongiorno, parlo con Umberto Eusepi?"
"Sì."
"Per caso, lei ha lavorato per Newlamp con Mario Vento?"
Il mio interlocutore rimase in silenzio qualche secondo, poi la voce di colpo si fece più arzilla ed entusiasta...
"Certo che sì, Mario Vento era il mio migliore amico!"

A quel punto cominciai a sudare freddo, il cuore mi batteva fortissimo, avevo intuito ma non fino in fondo, quale opportunità mi era capitata e gli raccontai che stavo cercando informazioni per scrivere un libro sull'attività di Newlamp. Devo ammettere che in quel preciso momento per me si trattava ancora di pura utopia, non avevo idea del mondo che mi si sarebbe spalancato di lì a breve.

Umberto Eusepi mi invitò a casa sua per un'intervista, non ci potevo credere, ma alla fine del nostro incontro, nonostante la mole di informazioni raccolte, mi trovai di nuovo in un vicolo cieco. Dovevo a tutti i costi trovare l'indizio che potesse condurmi oltre nella mia folle ricerca dei tesori nascosti di Newlamp.

Mi venne in mente un'idea: chiesi a Umberto se mi potesse accompagnare a cercare dove si trovava il nuovo laboratorio da cui erano uscite molte lampade dopo l'incendio di via degli Etruschi: Umberto, emozionato quasi quanto me di poter collaborare a un libro, acconsentì. Ricordo che il giorno della nostra gita pioveva a dirotto. Umberto fu puntuale e mi aspettava sotto casa in completo grigio. Ci dirigemmo verso via di Torre Nova ma, oltre al traffico decuplicato rispetto a quanto lui si ricordava, e alla pioggia, le strade

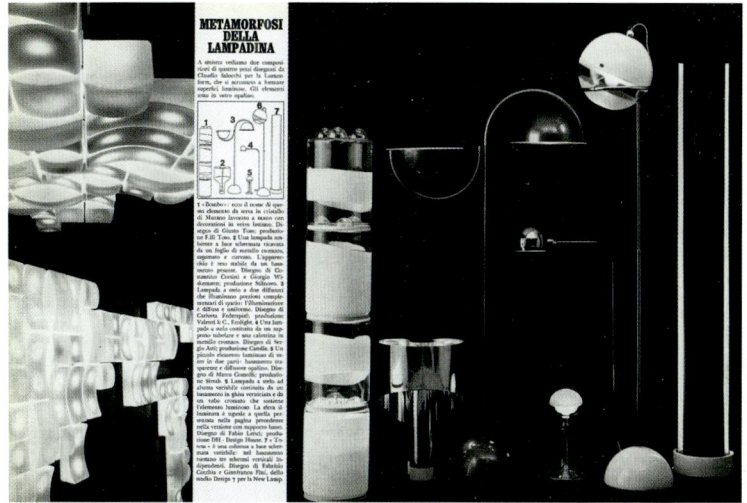

METAMORFOSI DELLA LAMPADINA

GEOMETRIE DI LUCE

Un foglio d'alluminio, avvolto a « spirale » in una forma dinamica che esalta l'espandersi della luce: Giancarlo Iliprandi ha disegnato questa lampada per la Stilnovo, sfruttando a fondo le caratteristiche di riflessione del materiale. I bordi sono protetti da un profilo in gomma nera, la base è quadrata con lato di 25 cm, l'altezza è di 70 cm.

Fabrizio Cocchia e Gianfranco Fini, dello Studio Design 7, sono i progettisti di tre delle lampade in perspex qui a destra, quelle in primo piano. Nelle prime due la sorgente di luce è nella base: uno schermo opalino sostiene cubi forati e parallelepipedi che nel sovrapporsi dei piani colorano la luce in una vasta gamma di toni d'azzurro e quasi l'accompagnano in un susseguirsi di pure forme geometriche.
La diversa rifrazione del materiale sugli spigoli è sfruttata a fondo nella versione cubica per creare un contrappunto di linee e piani di buon valore dinamico.
Più spinta ancora in questo senso è la lampada a cerchi intersecati che non ha un volume in sé, perché questo è solo suggerito dal disegno delle linee. Per meglio ottenere questo risultato la lampadina è a luce nera (luce di Wood). La produzione è della New Lamp.
Dietro, vediamo una struttura costituita da lastre di perspex unite da giunti metallici. Gli elementi sono predisposti per l'applicazione di fondi e sportelli, in modo da ricavarne dei veri e propri mobili luminosi. È un progetto di Corrado Cocconi e Fabio Lenci, prodotto dalla Ill-Form.

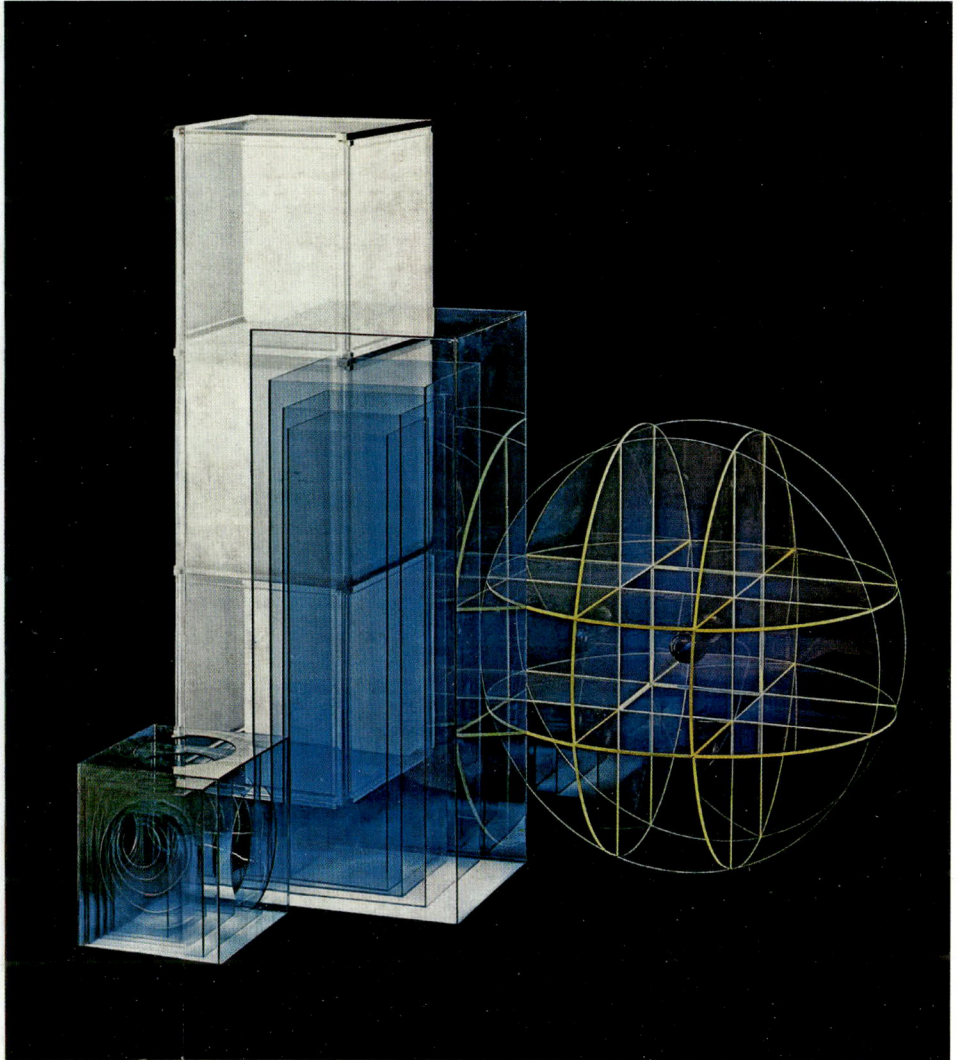

To my immense dismay, aside from a few measurements and a sheet with sketches, I found nothing. I wondered why Fulvio Ferrari hadn't delved further into the matter, which was undoubtedly intriguing; the lamps seemed beautiful and exceedingly rare, so why not dig deeper? The fact is that until now, *nobody* knew anything about it nor possessed the means to learn more. Barring a stroke of genius, the history of Newlamp was fated for eternal oblivion.

So I began searching for other sources. Could it be that no one had ever tried to

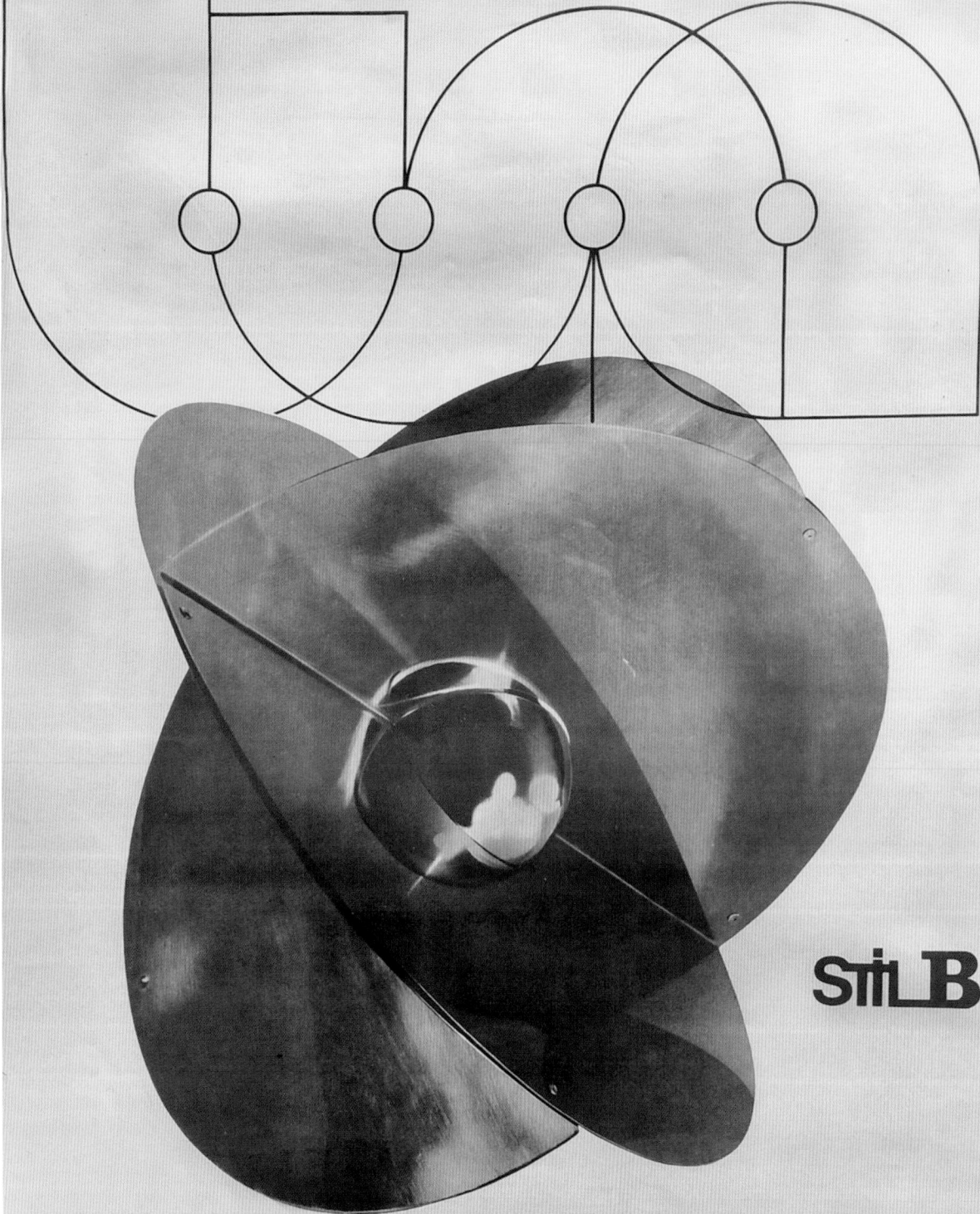

LUNA
design:
RINALDO
CUTINI
produzione:
NEW LAMP

MOSTRA
26 MAGGIO

StiLB

VIA AL COLLEGIO MARIA LUIGIA N. 17 - PARMA - TEL. 34920

Manifesto pubblicitario con il modello Luna in occasione di una mostra di Newlamp presso lo showroom StilB a Parma, 26 maggio 1970
Advertising poster with the Luna model during a Newlamp exhibition at the StilB showroom in Parma, 26 May 1970

18

Articolo *Una show-room
in campagna*, in "Arredorama",
maggio-giugno 1971,
in cui compare il modello
Programma
Article "Una show-room
in campagna", in *Arredorama*,
May-June 1971, in which the
Programma model appears

una show-room in campagna

Qualche mese fa è stata inaugurata ad Usmate, nelle vicinanze della provinciale Milano-Lecco, una nuova e qualificata esposizione di oggetti per l'arredamento dalla programmatica e quanto mai impegnativa insegna: high selection. Siamo stati invitati a visitarla ed è subito nato un simpatico colloquio con gli art-directors (Nikla e Giancarlo Kappa, una giovane coppia di sposi) che si è concretizzato nella seguente intervista articolata intorno a tre parametri da noi proposti: perchè è stata data la preferenza a quella zona del territorio extra-urbano per aprire una esposizione, con che criterio è stata allestita l'area a disposizione ed infine quali servizi è in grado di offrire alla propria clientela.

Perchè in quel punto:
« La scelta per la localizzazione della show-room è caduta su Usmate in quanto zona d'ombra commerciale relativamente ad una produzione di arredi qualificati ed inoltre nodo di transito di importanza crescente e facilmente raggiungibile dai vari centri urbani circostanti (Milano, Lecco, Monza, Bergamo); ed infine questa zona della Brianza è in continuo sviluppo residenziale, con nuovi insediamenti e quindi con una larga fascia di nuovi probabili acquirenti di origine per lo più urbana che richiedono mobili qualificati di un certo tipo ». Che tipo di mobili e come vengono proposti:
« Tenendo presente le esigenze di una certa clientela, la scelta è caduta su arredi altamente qualificati sia come linea, come materiali che come tecnologia; è chiaro che solo un piccolo numero di ditte operanti nel settore potevano dare fiducia e fornire garanzie di serietà e di correttezza nei prezzi e nell'assistenza. Per presentare questi oggetti è stata data molta importanza all'elemento cromatico di fondo ed agli effetti particolari volutamente creati con l'impiego di ben studiati punti luce; il tutto comunque è stato realizzato con un entusiasmo tipicamente giovanile, senza particolari preoccupazioni di adeguarci a schemi ormai superati ed obsoleti, ma ancor oggi accettati dalla maggioranza dei mobilieri e dai loro rivenditori ».
Quali servizi offre:
« Innanzi tutto va precisato che l'high selection non è una bottega di vendita

gather information on the origins of these lamps, auctioned off for decades at the world's finest auction houses for astronomical sums? Yes, apparently. No one had found anything.

The founder, Mario Vento, had vanished into thin air; the workers had scattered and the company had disappeared overnight with no explanation. Some well-known designers who had collaborated with Mario Vento had disappeared, while others were too old to remember or, if they did remember, couldn't tell me much about that long-ago experience. They were external collaborators who, at the time, worked in their own studios with pen and paper, providing designs to Mario Vento. From then on, after having been paid, their contact with Newlamp ended. Perhaps the occasional quarrel over a lamp's name or a detail changed during the material design phase of the object, but then the collaboration ended, which meant they were hardly useful in reconstructing the history of the company.

Every search led back to the starting point, which was a giant dead end. Whenever I've encountered a secret or a mystery in my life, I've always felt passionate about attempting to unveil it. In short, I'm a kind of 21st-century Indiana

Articolo *Le luci d'ambiente,*
in "Arredorama", marzo-aprile
1971, in cui compare il modello
G 999
Article "Le luci d'ambiente",
in *Arredorama*, March-April
1971, in which model G 999
appears

le luci d'ambiente

Parlare di « luce d'ambiente » ha, per
architetti e designers, un preciso signifi-
cato nell'ambito dell'arredamento di un
locale: vuol dire innanzi tutto valutare
dei precisi rapporti fra luci ed ombre at-
ti a far risaltare uno spazio, un mobile,
un oggetto particolarmente interessante;
inoltre creare questo tipo di illuminazione risulta molto efficace per poter realizzare una simpatica atmosfera di amicizia e di intimità utile per facilitare i
rapporti umani e sociali.

*A destra: pannello modello « G 999 », in
ferro nichelato ed 800 stecchette in perspex colorato o incolore. Il telaio è in
ferro verniciato in bianco o nero. Designer: G. Ravasio. Produzione: New
Lamp, Roma.*

avevano cambiato senso rispetto ai tempi
in cui lui le praticava, i negozi si erano
moltiplicati e il bar all'angolo prima
del bivio finale, non c'era più. Decisi allora
di parcheggiare e provare a proseguire
a piedi insieme sotto l'ombrello: forse
percorrendo quei marciapiedi avrebbe
riconosciuto il fatidico incrocio con
la stradina del laboratorio Newlamp.
Girammo mezz'ora e quando oramai
avevo perso le speranze ed eravamo
anche piuttosto zuppi, ecco un lampo:
Umberto si ricordò che l'angolo dove ci
trovavamo doveva essere per forza quello
e ci infilammo in una stradina interna.
Il cuore mi batteva a mille, già mi aspettavo
di trovare un laboratorio con una cantina
piena di Newlamp abbandonate, tutte
piene di polvere, pronta per essere
scoperta. Arrivammo sul retro e svoltammo
ancora, finalmente arrivammo a un grande
ingresso con tre aperture su strada e Umberto
la riconobbe, ma era un'autofficina.
Che sconforto venire a sapere che era
stato tutto buttato prima del restauro dai
proprietari precedenti… Eravamo di nuovo
da capo! Tanto vicino alla meta quanto
lontano e ancora senza via d'uscita.

Mi venne allora un'altra idea: ricordando
quanto mi aveva detto Umberto
nell'intervista, a proposito della moglie
di Mario, Sofia, detta Sonia, gli chiesi

New Lamp: Albizzate - Giuseppe Rossi; A-lassio - Beretta & Melgrati, via Dante 89; Aosta - A & G, via Losanna 16; Arosio - Cattaneo Arredamenti, via Valassina 2; Bari - Stilfar, via Podgora 40; Bergamo - Design Studio, via Verdi 3; Bologna - Arcesilai, via Castiglione 50/78; Brescia - Gaeti Mobili, via Turati 10; Cagliari - Megaron, via Scano 36; Campobasso - L. Falcone, via Garibaldi 19; Carpi - Selection Arredamenti, piazza Martiri 50; Casale sul Sile - Gasparello, via Nuova Trevigiana; Catania - Il Quadrante, via Umberto 303/d; Cervignano del Friuli - Bertoni, via Roma 13; Chieti - F. Ruffini, corso Marrucino, 134; Corridonia - Marcelletti Arredamenti, Zono Industriale 97; Cosenza - E. Arlotta, via Roma 102; Cremona - Supermobili Corbani, via Cesare Battisti 4; Ferrara - Alberto Levi, via Saraceno 16/24; Firenze - Domus Arredamenti, via delle Belle Donne 27; Foggia - Residence, corso Matteotti 68; Genova - Arredamenti G. Martelli, via Giustiniani 13; Giulianova Lido - Arredamenti Sma 407, S.S. Adriatica km. 407; Lambrinia - Arredamenti Gatti; La Spezia - Schiffini, via Genova 303; Lecce - Interni, piazza Mazzini 13; Lentini - Mobili Silluzio, via Etnea; Lodi - Cose d'Arredamento, corso Roma 122; Macherio - Achille Tremolada, viale Regina Margherita 184; Massa - Colmar, via Puccini 18/A; Messina Zero 3, viale della Libertà 517; Milano - Bestetti, viale Umbria 44; High Society, via F. Ferruccio 11; Lyda Levi, via Durini 24; Lux Casa, viale Abruzzi 16; Modena - Cattinari, corso Cavour 40; Moglia - C. Roversi, statale Romana per Mantova;- Monza - Mobilificio Barbieri, via F. Cavallotti 118/120; None - Mobili Galliano, strada Statale; Novara - Piantamida Arredamenti, corso Vercelli 84; Ospedaletto di Gemona - Mario Cumini; Osteria Grande - Pedrini Arredamenti, via Molino Scarsellini 32; Padova - Club 4, corso Milano 64; Vanotti, via Roma 15; Palermo - Ambienti, via del Giardino 4; B.M.T., di Majolino, via Salvatore Meccio 17/23; Pesaro - Del Piccolo & Ridolfi, via Gramsci 25; Pescara - Forme Nuove, piazza Duca d'Aosta 15; Piacenza - Speltarredamenti, via IV Novembre 54; Piedimonte d'Alife - Arredamenti Morelli, via Epitaffio; Pisa - Mobilcasa Ridondelli, via Manzoni 15; Modulo, Borgo Stretto 14; Reggio Calabria - Quattrone, via Veneto 69; Roma - Arte Arredo, via Trevis 72; Design 2000, via Maria Luisa di Savoia 21; Norden, via Arenula 78/79; Rovigo - Arredamenti Contemporanei, vicolo Venezze 5; Sanremo - Pertile Arredamenti, via Roma 73; Saronno - Airoldi, viale Rimembranze 24; Sassari - La Casa, viale Italia 12 B; Savona - Albarredo di Nicola Ferro, via Nizza 96; Taranto - Boccardi, via Berardi 20; Torino - Domus Collezione, palazzo Cavour via Lagrange 25 b; Il Quadrante, via S. Teresa 15; I.M.M. Arredamento, via Roma 86; Stilform di R. Bonandini, corso Francia 13; Trento - Studio Rumor, via Milano 130; Trieste - Arredamenti Dorligo, via Carducci 19; Fedele Illuminazione, via Mazzini 14; Varese - Design Line, via Sanvito Silvestro 32; Venezia Lido - Stilfar, via Bragadin 2 b; Vercelli - Aristide Setti, corso Gastaldi 53; Viareggio - Diana Interiors, via G. Marconi 20/21; Vicenza - Lanaro, corso San Felice 120.

Jones. So this complete lack of information further fuelled my passion for Newlamp, and I delved even deeper into the matter!

The breakthrough in my investigation – thanks to my friend S.B. – came when, after several email exchanges, I convinced him to provide me with a crucial element that revolutionised everything: an unpublished photo of the official label with which Newlamp pieces were sold to stores. It was black with white lettering, displaying the address of the headquarters – Via degli Etruschi 26, Rome. My very own city, and just a stone's throw from the university where I studied Law for years. And that's where my nearly ten-year journey began.

One morning, I hopped on my scooter and headed right to the street number written on the label (like many must have tried before me). The small, dark door was closed and there were no nameplates or buzzers; it turned out to be the outside entrance to the cellar of another street number. But I didn't give up. I started wandering the street, looking for shops and businesses that seemed older (those with half-loose or missing old signs), hoping to find someone who remembered businesses

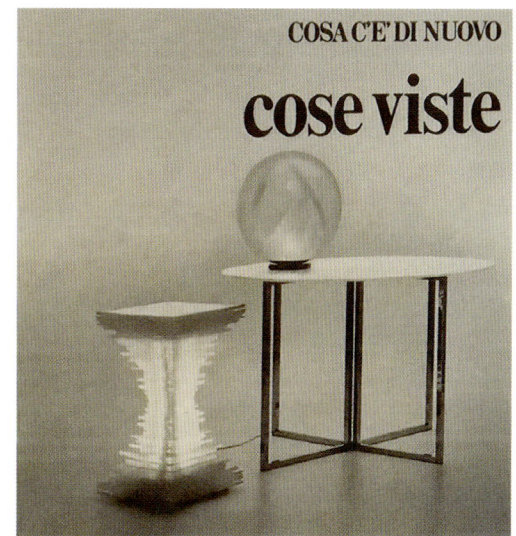

COSA C'E' DI NUOVO

cose viste

dating back to the late 1960s. I asked a blacksmith and the staff in an old stationery shop, but no one remembered any; all the owners were from the next generation. Until, wandering all over, I ended up at an antiques dealer and furniture restorer's. He mentioned remembering a certain Mario Vento and his furniture store, but was too young at the time. His father, though very old, would probably remember better… I didn't scruple to ask for the man's phone number – a landline. On the phone, the retired antiques dealer told me he remembered Mario Vento's business very well, and provided the

Pagine dal depliant
pubblicitario in "Arredorama",
gennaio-febbraio 1971,
in cui compaiono i modelli
Quanta, Dedalo e Riflessa
Pages from the advertising
leaflet in which the Quanta,
Dedalo, and Riflessa models
appear, *Arredorama*,
January–February 1971

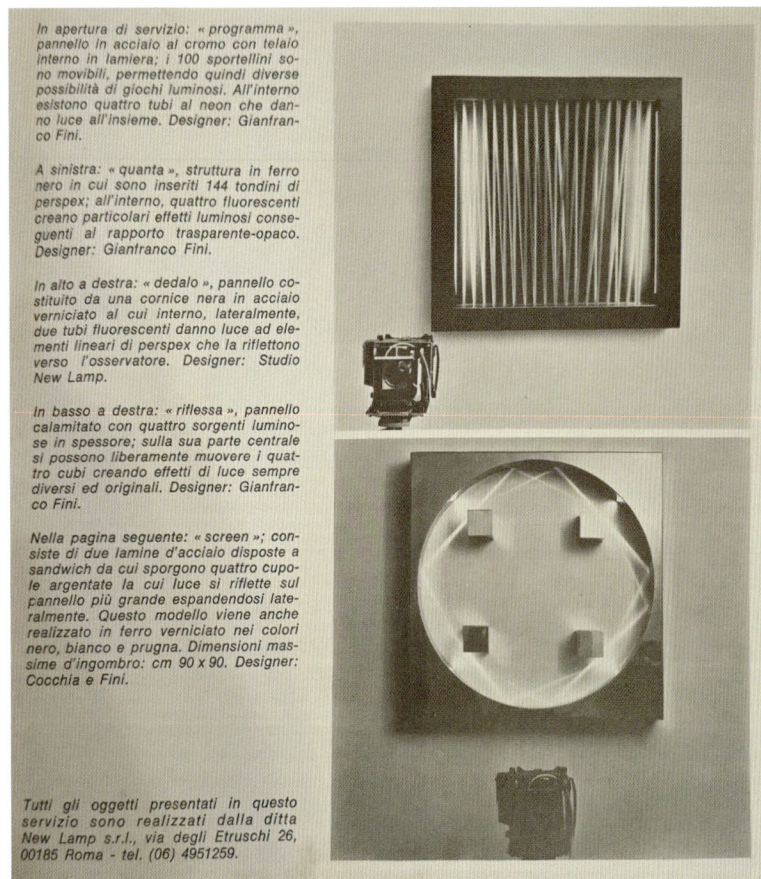

In apertura di servizio: « programma », pannello in acciaio al cromo con telaio interno in lamiera; i 100 sportellini sono mobili, permettendo quindi diverse possibilità di giochi luminosi. All'interno esistono quattro tubi al neon che danno luce all'insieme. Designer: Gianfranco Fini.

A sinistra: « quanta », struttura in ferro nero in cui sono inseriti 144 tondini di perspex; all'interno, quattro fluorescenti creano particolari effetti luminosi conseguenti al rapporto trasparente-opaco. Designer: Gianfranco Fini.

In alto a destra: « dedalo », pannello costituito da una cornice nera in acciaio verniciato al cui interno, lateralmente, due tubi fluorescenti danno luce ad elementi lineari di perspex che la riflettono verso l'osservatore. Designer: Studio New Lamp.

In basso a destra: « riflessa », pannello calamitato con quattro sorgenti luminose in spessore; sulla sua parte centrale si possono liberamente muovere i quattro cubi creando effetti di luce sempre diversi ed originali. Designer: Gianfranco Fini.

Nella pagina seguente: « screen »; consiste di due lamine d'acciaio disposte a sandwich da cui sporgono quattro cupole argentate la cui luce si riflette sul pannello più grande espandendosi lateralmente. Questo modello viene anche realizzato in ferro verniciato nei colori nero, bianco e prugna. Dimensioni massime d'ingombro: cm 90 x 90. Designer: Cocchia e Fini.

Tutti gli oggetti presentati in questo servizio sono realizzati dalla ditta New Lamp s.r.l., via degli Etruschi 26, 00185 Roma - tel. (06) 4951259.

un ultimo sforzo di memoria e andammo a cercare la casa di Mario Vento. Era la mia ultima possibilità. Umberto, anche se infreddolito e bagnato, accettò di buon grado di continuare la nostra avventura "alla ricerca della Newlamp perduta".

Riprendemmo l'auto e uscimmo da Roma in direzione Tivoli.
Lui si ricordava il nome di un incrocio, e la casa era proprio a poche centinaia di metri di distanza: "il passo dei Briganti…" che nome per un tesoro! Ci perdemmo più

volte, tra luoghi ricordati e altri nuovi mai visti, finché gli sovvenne il ricordo di un incrocio. Parcheggiammo e proseguimmo di nuovo a piedi. Ero un'altra volta emozionato, stavo per trovare la casa di Mario Vento, magari sua moglie Sonia

information that would prove to be the second most important clue in my investigation: he mentioned that a Newlamp agent lived nearby and occasionally dropped by to say hello. I couldn't believe it. The wall that had blocked the dead-end street of Via degli Etruschi 26 for decades had crumbled, and I had a truly one-of-a-kind opportunity to learn more than anyone else knew about it until that moment. I immediately got his last name and, starting the next day, I went through the entire phone book in search of "my" Mr. Eusepi.

I learned that a certain Umberto Eusepi happened to live nearby, and my phone call was answered by an elderly, soft-spoken man.
"Hello, is this Umberto Eusepi?"
"Yes."
"Did you by any chance work for Newlamp with Mario Vento?"
A moment's silence, then his voice became livelier and more enthusiastic...
"Of course, Mario Vento was my best friend!"

At that point, I broke out in a cold sweat, my heart racing. I hadn't entirely grasped the opportunity that had come my way, and I told him that I was seeking information to write a book about Newlamp. I have to admit that at the moment it still felt like pure utopia to me.
I had no idea of the world that would soon open up before me.

Umberto Eusepi invited me over to his house for an interview. I couldn't believe it, but at the end of our meeting – despite the wealth of information gathered – I found myself facing another dead end. I just *had* to find the clue that could lead me further in my mad quest for Newlamp's hidden treasures.

I had an idea. I asked Umberto if he would accompany me in search of the new workshop where 80% of the lamps had been made after the fire on Via degli Etruschi. Almost as excited as I was to collaborate on a book, Umberto agreed. I remember that the day of our trip it was pouring rain. Right on time and in a grey suit, Umberto was waiting for me in front of his house. We headed towards Via di Torre Nova, but besides the traffic being ten times what he remembered and the rain, the streets had changed their direction of travel since he was last there, the shops had multiplied in number, and the corner bar before the final intersection was no longer there. So I decided to park and continue on foot together under the umbrella. Maybe, by walking those sidewalks, he would recognise the fateful intersection with the street once home to the Newlamp workshop.
We walked for half an hour, and when I had almost lost hope – and we were quite soaked – a flash of recognition: Umberto remembered that the corner where we were standing had to be the right one, and we slipped into a back street. My heart was racing, already expecting to find a workshop with a basement full of abandoned Newlamps, all covered in dust and waiting to be discovered. We reached the back and turned again; finally, we came to a large entrance with three openings facing onto the street. Umberto recognised it, but it was now an auto repair shop. What a disappointment to learn that everything had been thrown away before the restoration by the previous owners! We were back to square one... so close to our goal yet so far, and with no way out.

I had another idea: remembering what Umberto had told me in our interview about Mario's wife, Sofia, called Sonia, I asked him to make one last effort, and

ancora in salute e tanto altro da scoprire. Umberto contò le case e finalmente trovò quello che per lui era senza ombra di dubbio il cancello al civico giusto.
Gli tornarono alla mente tanti altri ricordi, compresi gli ultimi giorni di Mario malato tra casa e ospedale. Provai più volte a suonare il campanello, ma nulla. Provai ad avere informazioni dai vicini, ma senza esito: non c'era nessuno e la casa era chiusa. Sembrava tutto abbandonato. Ero di nuovo in un vicolo cieco e la mia ricerca sembrava terminata, non c'era più nulla da fare. Decisi allora di lasciare in una buca delle lettere, che sembrava anch'essa abbandonata, un biglietto con qualche riga, il mio nome, il numero di telefono e la richiesta di poter avere magari delle informazioni su Mario Vento.

Dopo aver pranzato insieme, riportai Umberto a casa sua, ringraziandolo infinitamente. Non lo rividi più.

Passarono settimane e poi mesi, i negozi di design che mi avevano segnalato erano tutti spariti nel nulla senza lasciare traccia, proprio come Newlamp, ed ero tornato al punto di partenza. Dopo sei mesi, passai nuovamente dalla casa di Vento, ma era sempre deserta e il mio biglietto ancora dentro la buca delle lettere… Che amarezza e delusione per l'ennesima porta chiusa!

Fu poi casualmente, un anno dopo, ancora senza notizie, mi trovai con il mio amico Andrea a Tivoli per visitare un mercatino dell'usato. Prima di rientrare a Roma, decisi di passare un'ultima volta da quella casa e tentare di parlare con qualcuno. Dopo aver suonato invano, mi misi a raccontare al mio amico una parte della storia e, proprio attirato dalle nostre voci, improvvisamente un cane si mise ad abbaiare dietro al cancello. Poco dopo udimmo un uomo che lo richiamava da lontano, si trattava del vicino, anche guardiano dell'abitazione. Eccitato, urlai, lo chiamai e gli chiesi allora se per caso conoscesse Mario Vento, e quello che mi rispose fu veramente un'emozione unica: sì, la casa era proprio di Sonia! Non potevo crederci, abitava ancora lì. In effetti, non proprio lì, viveva in Veneto, ma una volta all'anno, in estate, tornava in villeggiatura in quella casa mai venduta o abbandonata.

Mi feci dare il numero di telefono e al momento giusto e con il cuore in gola chiamai Sonia…

Purtroppo, nel settembre 2023, Umberto Eusepi è mancato e anche a lui voglio dedicare questa pubblicazione: "Sarai per sempre uno dei protagonisti di questa incredibile avventura".

Cominciamo quindi proprio da lui, Umberto Eusepi, che mi aveva voluto accompagnare nei primi passi della mia ricerca. Man mano, ho potuto intervistare tutti i protagonisti di questa vicenda e questa prima intervista e le altre che seguono costituiscono la base documentaria che ha consentito di ricostruire i tasselli della storia di Newlamp. Nelle risposte di ciascuno di loro si respira ancora il clima produttivo di quegli anni speciali per la storia del design italiano e la schiettezza di una attività autenticamente artigianale.

Umberto Eusepi

Paolo Borromeo d'Adda: Umberto, finalmente è arrivato il momento di svelare i segreti che per più di quarant'anni hanno tenuto nell'ombra una delle produzioni di design più esclusive ed eccezionali mai esistite.

Umberto Eusepi: Mario o, come lo chiamavo io, Rodolfo, era il mio migliore amico sin dalle scuole elementari. Io avevo un lavoro statale

we went in search of Mario Vento's house. It was my last chance. Despite being wet and chilled, Umberto willingly agreed to continue our adventure "in search of the lost Newlamp". We got back into the car and left Rome to drive towards Tivoli.

He remembered the name of an intersection, and the house was just a few hundred metres away: Il Passo dei Briganti. We got lost several times, between remembered places and others never seen before, until Umberto recalled a certain intersection. We parked and continued on foot. I was excited again; I was about to find Mario Vento's house (maybe his wife Sonia still in good health?), and there was much more to learn. Umberto counted the houses and finally pointed to what he believed, without a shadow of a doubt, to be the right address. Many other memories came flooding back to him, including Mario's last days spent between home and the hospital. I tried ringing the doorbell several times, but nothing happened. Then I tried to gather information from the neighbours, but to no avail: there was no one around, and the house was closed. Everything looked abandoned. I had reached another dead end, and my search seemed to be over. There was nothing more to be done.

So I decided to leave a note in a letterbox which also seemed abandoned, scribbling a few lines, my name, phone number and a request for information about Mario Vento.

I took Umberto home after we had lunched together, thanking him profusely. I never saw him again.

Weeks and months went by, the design shops that had been pointed out to me had all vanished without a trace – just like Newlamp – and I was back to square one. After six months I passed by Vento's house again, but it was still deserted, and my note was still in the letterbox… This umpteenth closed door left me feeling so bitter and disappointed! By chance, a year later and still with no news, I found myself in Tivoli to go to a flea market with my friend Andrea. Before returning to Rome, I decided to pass by the house one last time, hoping to find someone to talk to. After ringing the doorbell in vain, I was telling my friend part of the story when, attracted by our voices, a dog started barking behind the gate. Shortly after, we heard a man calling it; the neighbour *and* caretaker of the house. So excited, I shouted, I called out to him and asked if by any chance he had

known Mario Vento, and his answer thrilled me to no end: yes, the house belonged to Sonia! I couldn't believe it, she still lived there. Well, not exactly – she lived in the Veneto region, but once a year, in the summer, she returned to that house which had never been sold or abandoned.

I got her phone number and, when the time was right and with my heart in my throat, I called Sonia up…

Sadly, Umberto Eusepi passed away in September 2023, and I'd like to dedicate this volume to him, too: "You'll always be one of the pivotal figures in this incredible adventure".

So, let us start with him, Umberto Eusepi, who had wanted to accompany me in the early stages of my research. Gradually, I was able to interview all the key figures in this story; the first interview, along with the others that follow, forms the documentary basis for the history of Newlamp, that allowed me to piece together its journey. In each of their answers, one can still sense the thrilling atmosphere of those special years for the history of Italian design and the frankness of a genuine manufacturing company.

che mi occupava tutta la mattina e Mario mi chiese insistentemente se nel tempo libero potessi occuparmi di rappresentare e distribuire le sue creazioni luminose per Roma e provincia. Nonostante gli impegni, accettai per l'amicizia che ci legava. Mi recavo nei più rinomati e qualificati negozi di arredamento di design a Roma e provincia e proponevo le Newlamp.

P.B.d'A.: Come è risaputo, fino a oggi nessuno ha trovato materiale originale di Newlamp, né pubblicitario né tantomeno cataloghi cartacei. Per tutti questi anni il *knowledge* si è basato solo su qualche schizzo a matita di Vento. Penso al Salone del Mobile di Milano uno stand con lampade eccezionali con il rappresentante che mostrava al pubblico e ai distributori internazionali dei disegnini a matita di due centimetri con il nome del designer e il prezzo scritti sotto. Ho sempre pensato che ci fosse di più. E chi meglio del suo rappresentante potrebbe aver conservato queste carte? Per caso, ha trovato qualche catalogo dell'epoca?

U.E.: Ricordo perfettamente, avevamo un catalogo a colori con le foto delle creazioni. Io e mia moglie abbiamo cercato dappertutto, ma purtroppo deve essere andato perso negli anni o, peggio, buttato.

P.B.d'A.: Che colpo al cuore! Ero a un passo da una scoperta senza eguali. Almeno ho saputo che un vero e proprio catalogo con le foto delle sculture luminose è effettivamente esistito. Mi dica di più di Rodolfo (Mario).

U.E.: Nonostante il padre analfabeta vendesse patate, lui aveva studiato ed era un uomo colto ed estroso. Nato nel dicembre del 1930 è morto di infarto nel 1994 e io gli sono stato vicino fino alla fine.

P.B.d'A.: Che cosa mi può raccontare di via degli Etruschi.

U.E.: Il laboratorio per le lampade era stato ricavato nello scantinato sotto al negozio di arredamento. Una notte andò tutto a fuoco e fummo costretti a trasferirci e ricominciare tutto da capo. Prima in via dell'Omo poi e definitivamente in uno spazio più grande su via di Torre Vecchia. Mario a quel punto, dato il traffico che si incrociava per rientrare a Roma, decise di trasferirsi anche lui, insieme alla moglie Sonia, fuori Roma, dalle parti di Zagarolo.

P.B.d'A.: Quanti operai erano impiegati nel laboratorio?

U.E.: Cinque o sei al massimo, tutti altamente specializzati, chi per la lavorazione del plexiglas chi per gli impianti elettrici… e alla fine diventavano tutti amici di Mario. Il più anziano, Napoleoni, suggeriva come realizzare materialmente i vari disegni e Rodolfo interveniva una volta pronto il prototipo e spiegava che cosa non andava. Poi ricordo Luigi, Attilio, l'autista tuttofare, ed Ezio, bravissimo. Gianni, detto Nino, il fratello di Mario, si occupava delle foto, della pubblicità e della distribuzione in Italia e anche nel resto d'Europa e del mondo. Parlava inglese e l'idea di un nome internazionale per la ditta venne proprio da lui. Purtroppo, anche lui è morto. Avevano questo Ford Transit tutto riverniciato di verde, Mario ci montò la doccia e ricavò quattro posti letto, un tendone che si apriva, con tutte le bandiere delle nazioni, e un tavolo a scomparsa. Ricordo un evento spiritoso: una volta, sbarcati dal traghetto per la promozione in Sicilia, dei ragazzini, vedendo le bandiere, esclamarono: "Evviva è arrivato il circo!", e noi tutti a ridere!

P.B.d'A.: Come mai Newlamp è sparita nel nulla senza lasciare traccia?

Umberto Eusepi

Paolo Borromeo d'Adda: Umberto, the time has finally come to reveal the secrets that have kept one of the most exclusive and exceptional design productions of all time in the shadows for over forty years.

Umberto Eusepi: Mario or, as I called him, Rodolfo, had been my best friend since elementary school. I had a job as a civil servant that occupied my entire mornings, and Mario kept asking me if, in my free time, I represent and distribute his light creations for Rome and its province. Despite my commitments, I accepted out of friendship. I visited the most renowned and qualified design furniture stores in Rome and its province, presenting the Newlamp creations.

P.B.d'A.: It's common knowledge that no original Newlamp material has been found until now, neither advertising nor physical catalogues. For all these years, knowlege has been based only on a few pencil sketches by Vento. I'm thinking of the Salone del Mobile in Milan, a stand with exceptional lamps, the agent showing tiny, 2-cm pencil drawings to the public and international distributors, with the designer's name and price written underneath? I always thought there had to be more.

U.E.: I perfectly remember that we had a colour catalogue with photos of the creations. My wife and I have looked everywhere, but unfortunately they must have been lost – or worse, thrown out – over the years.

P.B.d'A.: What a blow! I was on the brink of an unprecedented discovery. At least I learned that there had actually been a catalogue with photos of the light sculptures. Tell me more about Rodolfo (Mario).

U.E.: Despite an illiterate father who sold potatoes, Rodolfo had studied and was a cultured and inventive man. He was born in December 1930 and died of a heart attack in 1994, and I stayed close to him until the end.

P.B.d'A.: What can you tell me about via degli Etruschi?

U.E.: The basement beneath the furniture store had been made into a workshop for the lamps. One night, everything went up in flames, so we were forced to move and start over. First to via dell'Omo and then, permanently, to a larger space on via di Torre Vecchia. At that point, given the traffic on the way back to Rome, Mario decided to move as well – along with his wife Sonia – outside of Rome, towards Zagarolo.

P.B.d'A.: How many workers were employed there?

U.E.: Five or six at most, all highly specialised, some for working with Plexiglas, others for electrical systems… and in the end, they all became friends with Mario. The oldest, Napoleoni, would suggest how to physically create the various designs, and Rodolfo would intervene once the prototype was ready, explaining what wasn't working. Then I remember Luigi, Attilio, our driver and handyman, and Ezio, who was very skilled. Mario's brother Gianni, called Nino, took care of photos, advertising, and distribution in Italy, as well in the rest of Europe and the world. He spoke English; in fact, he's the one who came up with the idea of an international name for the company. Unfortunately, he's passed away too. They had this Ford Transit all repainted in green; Mario installed a shower and created four beds, a tent that opened up with the flags of all the nations, as well as a fold-away table. I remember a funny story: once, getting off the ferry to Sicily for the promotion, some kids, seeing the flags, would exclaim:

U.E.: Mario aveva un conto corrente al Banco di Santo Spirito e, all'inizio, quando arrivava in banca, il direttore usciva dall'ufficio e gli andava incontro per accoglierlo. Purtroppo, però, quando Mario tornava dal Salone del Mobile di Milano con un pacco alto più di dieci centimetri di commesse per le lampade, non trovava manodopera e mezzi economici per realizzarle e aveva anche difficoltà a farsi finanziare. A quel punto, le grandi commesse finivano purtroppo cestinate. Le lampade erano vere e proprie opere d'arte, delicate, complicate, si impolveravano nei negozi ed erano difficili da pulire, si rompevano facilmente durante i trasporti ed era tutto complicato. Poi arrivò anche la crisi del petrolio e delle materie prime derivate. Quando Mario si recava in banca, il direttore a quel punto si faceva negare.

Ci fu poi un contenzioso legale da parte di un fornitore. Mario, complice anche la morte del padre e l'incendio del laboratorio, fu così preso dallo sconforto che decise di abbandonare per sempre il settore dell'illuminazione e si mise in società con la moglie sotto lo pseudonimo di Bauhaus a realizzare mobili, prima in ottone e cromo poi radica e anche bambù, mantenendo solo Napoleoni come capofficina.

P.B.d'A.: Umberto, ha mai sentito parlare di Studio Uno o Ingrid Hjalmarson o Rinaldo Cutini?

U.E.: No, mai. Ho sentito nominare solo Gianfranco Fini, Fabrizio Cocchia, Gianni Colombo e Giuseppe Ravasio.

P.B.d'A.: Si ricorda, in linea di massima, quante lampade fossero vendute mediamente su Roma e provincia?

U.E.: I negozi più grandi, come Design 2000 di Ravasio, al massimo ordinavano sei o sette pezzi diversi; in un anno credo si vendessero al massimo duecento o trecento sculture luminose. Un altro negozio a cui vendevamo bene si trovava in via del Mascherino che le noleggiava alla televisione e al cinema, poi c'era Mapitti, in via del Babuino, e un mobilificio vicino a piazza della Maddalena, gestito dalla madre dell'attrice Stefania Sandrelli.

Finalmente le mie ricerche avevano avuto una svolta ed ero veramente entusiasta ed emozionato. Chiamai quel numero di cellulare e mi rispose proprio lei, la moglie di Mario Vento e sua compagna per ventisei anni fino alla sua scomparsa. Chi meglio di lei poteva sapere tutti i segreti di Newlamp! Dopo le prime frasi

di rito, raccontai della mia ricerca e del libro. Anche Sonia era entusiasta dell'idea e non sapeva come ringraziarmi. Le diedi un appuntamento in quella casa vicino a Tivoli che lei ancora frequentava d'estate. Mi batteva fortissimo il cuore, non so se per paura o per l'adrenalina del treasure hunter prima della scoperta. Sonia mi aveva preparato tantissimi documenti originali dell'epoca, compreso l'inedito esemplare unico del fatidico catalogo ufficiale che è parte integrante di questo libro.

Sonia C. Vento

Alla mia solita premessa che nel repertorio del design nell'arredamento italiano non era menzionata Newlamp né tantomeno Mario Vento, Sonia mi porse una coppa. La guardai bene, cercando di capire l'attinenza e subito mi balzò all'occhio il titolo sulla targhetta: "Europremio del Mobile e dell'Arredamento 1971". Adesso era tutto chiaro. Newlamp era stata insignita di uno dei premi più prestigiosi, che veniva assegnato a quelle imprese che rappresentavano l'eccellenza nel design

Dettaglio dello stand
Newlamp all'11° Salone del
Mobile di Milano del 1971
con moltissimi modelli esposti
Detail of the Newlamp stand
at the 11th Salone del Mobile
in Milan, 1971, with many
models on display

"Hurray, here comes the circus!". With a lot of laughs!

P.B.d'A.: Why did Newlamp just vanish without a trace?

U.E.: Mario had an account at Banco di Santo Spirito, and in the beginning, the bank director himself would come greet him when he showed up. Unfortunately, when Mario began returning from the Salone del Mobile in Milan with a 10-cm package of orders for lamps, he couldn't find the labour and economic means to produce them, and he also had difficulty obtaining financing. At that point, large orders would unfortunately fall by the wayside. The lamps were true works of art: delicate and complex. They gathered dust in the stores and were difficult to clean, and broke easily during transportation; everything was complicated. Then came the oil crisis and the crisis of derived raw materials. When Mario went to the bank, the director would deny himself at that point.

There was also a legal dispute with a supplier: a judge suddenly declared Newlamp's bankruptcy for insolvency. Mario, also influenced by the death of his father and by the fire in the laboratory, was so hurt in his pride that he decided to permanently abandon the lighting sector and went into business with his wife under the pseudonym Bauhaus to produce furniture – first in brass and chrome, then in walnut root and even bamboo, keeping on only Napoleoni as the workshop manager.

P.B.d'A.: Umberto, have you ever heard of Studio Uno or of Ingrid Hjalmarson or Rinaldo Cutini?

U.E.: No, never. I've only heard of Gianfranco Fini, Fabrizio Cocchia, Gianni Colombo and Giuseppe Ravasio. Gianfranco Fini, Fabrizio Cocchia, Gianni Colombo and Giuseppe Ravasio.

P.B.d'A.: Do you remember how many lamps, more or less, were sold on average in Rome and its province?

U.E.: The larger stores, like Ravasio's Design 2000, would order at most six or seven different pieces; I believe Newlamp sold about twoe or three hundred lighting sculptures per year. Another store that bought a lot from us was located on via del Mascherino; it would rent the lamps to television and cinema productions. Then there was Mapitti, on via del Babuino, and a furniture store near piazza della Maddalena, run by the mother of actress Stefania Sandrelli.

e arredamento per il loro Paese in tutta Europa.

Paolo Borromeo d'Adda: Sonia, mi hai raccontato di essere stata con Mario Vento per ventisei anni, ti chiedo quindi di raccontarmi com'è nata Newlamp.

Sonia C. Vento: Inizialmente, Mario aveva un negozio di arredamento in via degli Etruschi. Verso la fine degli anni sessanta conobbe un certo Cristofari che, attraverso la sua ditta Art Lamp (le lampade Spirale e Telescopio erano già progetti Art Lamp), gli forniva delle lampade, e costituirono una società di fatto. Mario, che già aveva molte idee, decise di costituire una nuova società tutta sua e il 19 aprile 1969 fondò la Newlamp srl con capitale sociale

di 300.000 lire e oggetto "la progettazione, studio e fabbricazione di apparecchi di illuminazione e complementi dell'arredamento in genere", con amministratori lui e suo padre. L'attività inizialmente fu avviata nelle cantine sotto il negozio di arredamento. Poi una notte andò tutto a fuoco e allora si dovettero trasferire prima in via dell'Omo per stabilirsi infine in via di Torre Nova, dove, dopo le lampade, continuarono con i mobili.

P.B.d'A.: A quali cause si deve la chiusura dell'attività?

S.C.V.: Dopo l' incendio del laboratorio sotterraneo di via degli Etruschi che causò anche la distruzione delle lampade, dei materiali, dei progetti e dei disegni tecnici con le misure, ma soprattutto dei macchinari per la lavorazione del plexiglas e del metallo, Mario fu ovviamente preso dallo sconforto. Oltre a dover trovare una nuova location per il suo staff, avrebbe dovuto acquistare ex novo tutto quanto. Di lì a poco altri eventi minarono per sempre il destino dell'azienda: gli operai più importanti ed essenziali per la costruzione delle sculture luminose, tra cui Luciano Napoleoni, trovarono momentaneamente un impiego fisso altrove, rendendosi disponibili per Newlamp solo part time

e saltuariamente. Poi, improvvisamente, morì il padre di Mario. Nello stesso periodo la crisi petrolifera causò un aumento del 300% delle materie prime derivate. Mario, nella crisi più totale, si vide chiudere le linee di credito bancarie e quando addirittura la ditta Vagnone & Boeri fece causa a Newlamp per una vecchia commessa insoluta di paste abrasive per la cifra di 600.000 lire, decise che era arrivato il momento di abbandonare la sua esperienza nel campo dell'illuminazione e dal 1974 si dedicò, nei nuovi locali, esclusivamente alla realizzazione di tavoli in radica di essenze arboree, in bambù e in ottone e acciaio. Così scompariva una tra le ditte italiane più significative e innovative nel panorama del design a livello planetario, lasciando un vuoto rimasto ancora incolmato.
Mario si avvaleva di quattro o cinque operai specializzati. Tra loro, Luciano Napoleoni, il capofficina, creativo e mago del plexiglas tra le cui mani sono passate tutte le Newlamp prodotte, sia prima sia dopo la realizzazione, collaborava anche alla realizzazione dei prototipi sulla base dei disegni degli architetti o di Mario stesso. Facevano tutto, tranne alcune parti in acciaio che venivano commissionate alla ditta New Comec di Pavona (Convessa, Programma, Riflessa, Cesca

Finally, my research had a breakthrough, and I was thrilled and excited. I called that number and she answered—the wife of Mario Vento and his partner for twenty-six years until his passing. Who better than she could know all the secrets of Newlamp? After initial pleasantries, I told her about my research and the book. Sonia was also enthusiastic about the idea and didn't know how to thank me. I set up a meeting with her at that house near Tivoli, which she still visited in the summer. My heart was pounding, though I wasn't sure if it was out of fear or the adrenaline. I felt like a treasure hunter before a discovery. Sonia had prepared many original documents from that era for me, including the unpublished, unique copy of the fateful official catalogue, which is an integral part of this book.

Sonia C. Vento

At my usual preliminary remarks – that neither Newlamp nor Mario Vento are mentioned in the design repertoire of Italian furnishings – Sonia hands me a trophy. As I look it over, curious as to its relevance, I immediately notice the engraving on the plaque: "Europremio del Mobile e dell'Arredamento 1971". Suddenly, it was all clear: Newlamp had received one of the most prestigious prizes awarded to the most excellent companies in design and furnishings for their country and all of Europe. Newlamp was the recipient of one of the most prestigious awards, which was given to those companies that represented excellence in design and furniture for their country throughout Europe.

Paolo Borromeo d'Adda: Sonia, you told me you were with Mario Vento for 26 years, so now I'd like you to tell me how Newlamp came to be.

Sonia C. Vento: Initially, Mario had a furniture store on via degli Etruschi. Towards the end of the 1960s, he met a certain Cristofari who, through his company Art Lamp (the Spirale and Telescopio lamps were already Art Lamp designs), supplied him with lamps, and they formed an informal partnership. Mario, who already had lots of ideas, decided to establish a new companyon his own, and, he founded Newlamp Srl on April 19, 1969 with a share capital of 300,000 lire and the object "design, study and manufacture of lighting fixtures and furnishings in general", with him and his father as administrators.
The activity initially started in the cellars beneath the furniture store. Then everything went up in flames one night, and they had to move. First to via dell'Omo and finally settling on via di Torre Nova where, after the lamps, they continued with furniture.

P.B.d'A.: What was the reason for this bankruptcy?

S.C.V.: After the fire in the underground workshop on Via degli Etruschi, which also destroyed the lamps, materials, projects, and technical drawings with measurements, but above all the machinery for working with Plexiglas and metal, Mario was understandably disheartened. Not only would he have to find a new location for his staff, but he would also have to buy everything from scratch.Shortly afterwards, other events undermined the company's fortunes forever: the most important and essential workers for the construction of sculptural lamps, including Luciano Napoleoni, found steady employment elsewhere, making themselves available to Newlamp only part-time and occasionally. Then, suddenly, Mario's

ecc.) I prototipi venivano realizzati in compensato ed elettrificati e poi, dopo che Mario aveva dato la sua approvazione, si eseguiva il prototipo in metallo e plexiglas. La parte elettrica era la parte più complicata: bisognava illuminare oggetti già difficili da realizzare di per sé, figuriamoci portare la corrente e dargli la luce in maniera uniforme e ottenere anche l'effetto finale desiderato, una volta al buio! Era come realizzare un abito su misura per un sarto. Solo che anche la persona era un altro progetto a sé!

Con Sonia ci salutammo e mi diede in regalo alcune foto d'epoca di Mario Vento, dei poster pubblicitari di Newlamp e, dulcis in fundo, proprio ciò che avevo

sognato per anni di trovare, il vero catalogo ufficiale, esemplare unico al mondo ancora conservato nella sua custodia con il marchio Newlamp impresso sul cartoncino. La ciliegina sulla torta però fu il numero di telefono di Napoleoni risalente agli anni ottanta e che ancora, per mia grande fortuna, era attivo e... Chiamai quel numero, anteponendo il prefisso di Roma (06), e con mia grande sorpresa mi rispose, ancora in piena salute, proprio il numero uno del laboratorio Newlamp, Luciano Napoleoni. Quando gli chiesi un'intervista per parlare di Newlamp, fu subito entusiasta e mi diede un appuntamento che per me fu un tassello importantissimo per le mie scoperte alla ricerca dei misteri in cui Newlamp era avvolta.

Luciano Napoleoni

Paolo Borromeo d'Adda: Luciano, lei è il mio cosiddetto testimone chiave. Sono emozionato al pensiero di parlare con lei. A distanza di cinquant'anni dall'avventura di Newlamp, mi può raccontare com'è cominciata?

Luciano Napoleoni: Ho collaborato con Mario Vento in Newlamp sin dal 1969. Dopo un colloquio iniziale, ho cominciato subito a lavorare nel laboratorio ricavato in parte sul retro del negozio di arredamento all'angolo di via degli Etruschi e in parte nel seminterrato sottostante. Sopra avevamo il tornio, i pezzi di ricambio in alluminio, acciaio e il plexiglas; sotto ci occupavamo degli impianti elettrici e dell'assemblaggio. Eravamo quasi sempre cinque o sei operai, ma nei periodi in cui c'era tanto lavoro potevamo anche essere in dieci, comprese alcune ragazze. Ricordo Dino Vueric, capo elettricista molto bravo. Mario Vento arrivava con una serie di disegni con progetti di elementi illuminanti futuristici, gli architetti avevano delle idee incredibili e a me toccava metterle in pratica, cosa difficile e spesso anche impossibile, proprio dal punto di vista tecnico, allora improvvisavo. Ricordo quando il giorno prima di andare a Milano per il Salone del Mobile, alzammo Programma per metterla sul camion, e tutti gli sportellini caddero per terra. Un disastro. Ci mettemmo subito al lavoro e il giorno seguente le modifiche apportate ci permisero di partire con il prototipo pronto e funzionale. Inizialmente il prototipo era sempre di legno leggero, perlopiù compensato, poi veniva realizzato quello in metallo

father passed away. At the same time, the oil crisis caused a 300% increase in the cost of raw materials. During this storm, Mario also saw his bank lines of credit shut down, and when even the firm Vagnone & Boeri sued Newlamp for an old unpaid order of abrasive pastes worth 600,000 Lire, he decided it was time to abandon his venture in the lighting field. From 1974, in new premises, he dedicated himself exclusively to the creation of tables made from various tree burls, as well as bamboo, brass, and steel. Thus, one of the most significant and innovative Italian companies in the global design landscape disappeared, leaving a void that has yet to be filled. Mario employed four or five skilled workers. Among them, Luciano Napoleoni, the workshop manager, creative and Plexiglas wizard. All the Newlamp products passed through his hands, both before and after manufacturing. He also collaborated in creating prototypes based the drawings of the architects or of Mario himself. They made everything, except for some steel parts commissioned to the New Comec company in Pavona (Convessa, Programma, Riflessa, Cesca, etc.). The prototypes were made of plywood and electrified; then, after Mario gave his approval, the metal and Plexiglas

prototype was built. The electrical part was the most complicated: illuminating objects already difficult to make in themselves, let alone bringing electricity, giving them light uniformly, and achieving the desired final effect. Once even in the dark! It was like creating a custom suit for a tailor. Except that the person was another project altogether!

Sonia and I said goodbye, and she gave me some vintage photos of Mario Vento, advertising posters for Newlamp and – finally! – what I had dreamed of finding for years, the real official catalogue, a one-of-a-kind in the world still preserved in its case with the Newlamp logo impressed on the cardboard. However, the icing on the cake was Napoleoni's telephone number dating back to the 1980s, which luckily still worked, and so... I called that number, dialing the Rome area code (06), and to my great surprise I was answered by the very head of the Newlamp laboratory, Luciano Napoleoni, still in good health. When I asked him for an interview to talk about Newlamp, he was immediately enthusiastic and arranged an appointment, which proved to be a significant step in my quest to uncover the mysteries surrounding Newlamp.

Luciano Napoleoni

Paolo Borromeo d'Adda: Luciano, you're my so-called key witness. I'm thrilled to be speaking with you. Fifty years after the Newlamp adventure, can you tell me how it started?

Luciano Napoleoni: I collaborated with Mario Vento at Newlamp since 1969. After an initial interview, I immediately started in the workshop, partially located at the back of the furniture store at the corner of via degli Etruschi and partially in the basement below. Above, we had the lathe, spare parts in aluminium, steel and Plexiglas; below, we took care of the electrical systems and assembly.

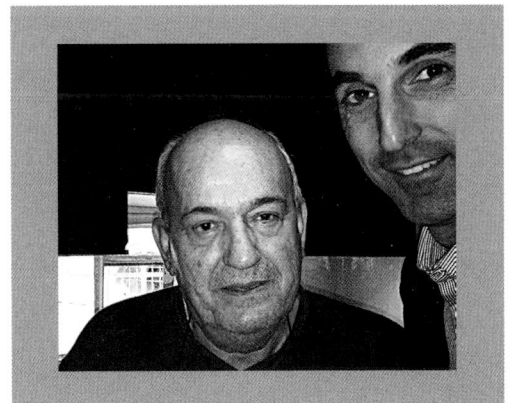

e plexiglas. L'acciaio era prodotto da una ditta di Pavona sulla base di un nostro stampo perché per noi era complicato piegarlo. Poi lo modificavamo, praticavamo i fori necessari e, nel caso, lo lucidavamo. Se ne compravano un certo numero di pezzi e si mettevano da parte per le eventuali ordinazioni.

La domanda a cui più tenevo e la cui risposta ha dato un contributo formidabile alla redazione di questo catalogo...

P.B.d'A.: Si ricorda quante lampade, più o meno in ordine di grandezza, sono state proposte per ogni modello?

L.N.: Be', dipendeva dalla domanda del mercato. Alcuni modelli più economici e semplici furono realizzati anche fino a duemila esemplari nei cinque anni complessivi di produzione, altri sono rimasti alla fase del prototipo definitivo, altri ancora sono stati prodotti in nemmeno dieci esemplari perché molto complicati, costosi e anche delicati.

P.B.d'A.: Ha mai sentito parlare di Studio Uno?

L.N.: No.

P.B.d'A.: Di Ingrid Hsalmarson?

L.N.: No, mai. Ho sentito spesso i nomi di Fini e Cocchia, ma per il resto molte lampade le progettava Mario con me. È quasi certo che, in realtà, alcuni nomi mascheravano la nostra 'mano' per il pubblico internazionale.

P.B.d'A.: Ha idea del motivo per cui Newlamp abbia chiuso?

L.N.: Secondo me, le lampade che erano prodotte in realtà non erano solo dei complementi di arredo, erano delle vere e proprie sculture luminose, oggetti d'arte più che di arredamento, erano avveniristici, anticipavano il futuro ed erano costose già da realizzare. Il pubblico non era pronto, c'erano Flos e Artemide che vendevano lampade industriali a pochi soldi e facevano fondamentalmente molta luce con una sola lampadina. Le nostre erano tutte pezzi unici, lavorate a mano a una a una. Per la realizzazione di ciascuna di esse veniva impiegato tantissimo tempo e il mercato non era pronto per un progetto così speciale. Avevano tante lampadine, ma in realtà consumavano tanto e producevano una luce soffusa, insomma oggetti unici per pochi intenditori.

P.B.d'A.: Chi faceva le foto?

L.N.: Gianni, il fratello di Mario. Ricordo che andavamo al mare a Ostia o all'acquedotto sull'Appia o anche agli scogli sul lago di Bracciano, mentre le foto del catalogo e dell'archivio venivano scattate all'interno dei negozi più prestigiosi o negli appartamenti super moderni di alcuni clienti.

L'intervista si concluse con l'analisi particolareggiata di ciascuna scultura luminosa, evidenziandone i dettagli costruttivi e soprattutto una quantificazione dei modelli effettivamente realizzati, tutti comunque passati tra le sue mani per il collaudo prima della vendita.

Fabrizio Cocchia

Dopo i complimenti e una panoramica sulle mie scoperte e sul punto delle ricerche su Newlamp, iniziammo con le domande.

Paolo Borromeo d'Adda: Architetto Cocchia, che cosa si ricorda di Newlamp?

Fabrizio Cocchia: Ricordo sempre con piacere Mario Vento. All'inizio era

There were almost always five or six workers, but during busy periods there could be up to ten of us, including some girls. I remember Dino Vueric, a very skilled head electrician.

Mario Vento would arrive with a series of drawings with futuristic lighting element projects, the architects had incredible ideas, and it was my job to put them all into practice, which was hard and often technically impossible. So I would improvise. I remember when, the day before going to Milan for the Salone del Mobile, we lifted Programma onto the truck, and all the tiny doors fell to the ground. What a disaster! We got right to work, and the changes we made allowed us to leave the next day with a ready and functional prototype. Initially, the prototype was always made of lightweight wood, mostly plywood, and the metal and Plexiglas one was produced after. The steel was produced by a company in Pavona based on our mould, because it was complicated for us to bend it. Then we would modify it, make the necessary holes and, if needed, polish it. We bought a certain number of pieces and set them aside for any orders.

The most important question, whose answer gave a tremendous contribution to the writing of this catalogue...

P.B.d'A.: Do you remember how many lamps, more or less according to size, were proposed for each model?

L.N.: Well, it varied based on market demand. Up to 2,000 models were made of some simpler and less expensive models in the five years of overall production; others remained in the final prototype phase, while less than 10 models were made of others, due to their extreme complexity, costs and fragility.

P.B.d'A.: Have you ever heard of Studio Uno?

L.N.: No.

P.B.d'A.: Of Ingrid Hsalmarson?

L.N.: No, never. I often heard the names Fini and Cocchia, but Mario would design several lamps with me. It's almost a certainty that some of their names hid our "hand" for the international public.

P.B.d'A.: Do you have any idea why Newlamp closed?

L.N.: In my opinion, the lamps we produced were more than just furnishings; they were real luminous sculptures, more art objects than furnishings. They were futuristic and expensive to produce from the start. The audience wasn't ready; companies like Flos and Artemide were selling industrial lamps at low prices, essentially providing a lot of light with a single bulb. Ours pieces were all one-of-a-kind, crafted individually by hand. It took a considerable amount of time to create each one, and the market just wasn't ready for such a special project. They had many light bulbs, but actually consumed a lot and produced a diffused light – unique items for a select few connoisseurs.

P.B.d'A.: Who took the pictures?

L.N.: Gianni, Mario's brother. I remember that we would go to the beach at Ostia or to the aqueduct on the Via Appia, or even to the cliffs on Lake Bracciano. Instead, the catalogue and archive photos were taken in the interiors of the most prestigious stores or in the ultramodern apartments of some of our clients.

The interview concluded with a detailed analysis of each light sculpture, highlighting its construction details and above all a quantification of the models actually made, however all of them passed into his hands for testing before sale.

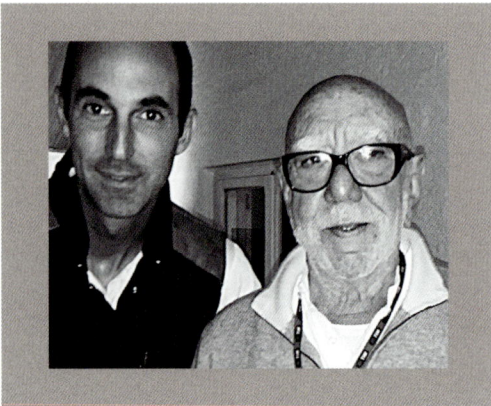

in società con un finanziere, ma litigarono forte e Mario lo liquidò, mettendosi in proprio. La nostra collaborazione cominciò quando io ero in società (solo di fatto) con Gianfranco Fini nella mia Design Sette. Insieme partecipammo al Salone del Mobile di Milano con Cubo Libre, una struttura abitativa compatta. Poi ho anche disegnato vari oggetti, dai televisori agli aspirapolvere, posaceneri, mobili, ma non sono mai riuscito a ricavarci una lira... Fu così anche con Newlamp: nonostante avessimo disegnato per loro parecchie sculture luminose, era tutto sempre sulla parola e spesso venivamo pagati dopo tempo e sempre poco o nulla. Lavoravamo molto di più per il prestigio, nella speranza di lasciare il segno nella storia del design. Newlamp non ha mai depositato alcun marchio o brevetto per le lampade né lo abbiamo fatto noi, dato che cedevamo i disegni su compenso, mentre tutte le altre industrie dell'illuminazione, quali Artemide o Flos, lo facevano. Poi, quando Gianfranco Fini partì per il Brasile, il rapporto tra noi si sciolse e così anche la nostra collaborazione con Newlamp.

P.B.d'A.: Cosa ricorda degli operai e di via degli Etruschi?

F.C.: Ricordo il laboratorio nello scantinato molto buio del negozio, dove prendevano vita le sculture luminose, e mi ricordo dell'ingegno sia di Mario Vento sia del suo primo operaio Luciano. Avevano sempre mille idee per mettere in pratica con un prototipo i nostri disegni tecnici, spesso irrealizzabili nella realtà dei materiali.
Ricordo anche il primo Salone del Mobile nel 1969: un piccolo stand con tutte le lampade e Mario Vento molto eccitato e impegnato con gli ordini che aveva ricevuto. Non ho mai sentito parlare di Studio 2, di Ingrid Hjalmarson o di Riccardo Meli, secondo me erano dei nomi fittizi di Mario Vento e del suo migliore operaio che inventavano oggetti con i materiali a disposizione. Di certo siamo stati tutti influenzati dall'Optical Art, piuttosto che dall'arte cinetica. Meridiana, Ziggurat e Convessa sono un mio disegno esclusivo. La paternità di Mario Vento è invece sicuramente per Periscopio, il lampadario Divieto, Spirale, Azimut, Momo, America, Satellite, Vertice e le varie lampade attribuite a Hjalmarson, come Asta e le varianti cilindriche.

Gianfranco Fini

Premetto che sin dall'inizio mi complimentai con l'architetto perché, nonostante l'età, era venuto a trovarmi guidando il motorino...

Paolo Borromeo d'Adda: Ora che le ho raccontato più in dettaglio le mie ricerche sulla storia di Newlamp e averle detto della scoperta dell'etichetta e del mio incontro con Sonia Vento, vorrei che mi dicesse in prima persona come mai nel repertorio del design dell'arredamento italiano (1950-2000, Umberto Allemandi) non sia menzionato nessun designer di Newlamp, mentre lo sono tanti altri, sicuramente meno geniali, che hanno progettato lampade semplici e di produzione industriale.

Fabrizio Cocchia

After paying some compliments and an overview of my discoveries and the state-of-the-art of my investigation on Newlamp, I started asking questions.

Paolo Borromeo d'Adda: Mr. Cocchia, what do you remember about Newlamp?

Fabrizio Cocchia: I remember Mario Vento fondly. Initially, he was in partnership with a financier, but they had a strong disagreement and Mario bought him out, starting his own venture. Our collaboration began when I had a defacto partnership with Gianfranco Fini in my Design Sette. Together, we participated in the Salone del Mobile in Milan with Cubo Libre, a compact living structure. I also designed various items – from televisions to vacuum cleaners, ashtrays and furniture – but I never managed to make a cent off them... It was the same with Newlamp: despite having designed many light sculptures for them, agreements were always verbal, and we were often paid after a long time and always very little or nothing. We worked much more for the glory, hoping to make a mark in the history of design. Newlamp never

filed any trademarks or patents for its lamps, and neither did we, as we handed over our designs for compensation. Other lighting industries, such as Artemide or Flos, did. Then, when Gianfranco Fini eft for Brazil, our relationship ended, as did our partnership with Newlamp.

P.B.d'A.: What do you remember about the factory workers and of via degli Etruschi?

F.C.: I remember the workshop in the very dark basement of the store, where the light sculptures came to life. I recall the brilliance of both Mario Vento and his first worker, Luciano. They always had a thousand ideas to bring our technical drawings (often impossible to produce as to materials) to life with a prototype. I also remember the first Salone del Mobile in 1969: a small stand with all the company's lamps, and Mario Vento exhilarated and busy with the orders he had received. I have never heard of Studio 2, Ingrid Hjalmarson or Riccardo Meli; in my opinion, they were fictitious names created by Mario Vento and his best worker, who invented objects with the materials available. We were definitely all influenced by Op art rather than kinetic art. Meridiana, Ziggurat and Convessa are my exclusive designs. Mario Vento was

definitely the author of Periscopio, the Divieto chandelier, Spirale, Azimut, Momo, America, Satellite, Vertice and several lamps attributed to Hjalmarson, such as Asta and its cylindrical variants.

Gianfranco Fini

First and foremost, I complimented the architect on the fact that, despite his age, he came to visit me by moped....

Paolo Borromeo d'Adda: Now that I've shared more details about my research on the history of Newlamp and told you about my discovery of the label and my meeting with Sonia Vento, I'd like you to tell me – in your own words – why no designer from Newlamp is mentioned in the repertoire of Italian furniture design (Umberto Allemandi, 1950–2000), while many others – undoubtedly less brilliant and who designed simple and industrially produced lamps – are included.

Gianfranco Fini: After graduating from the art high school, unlike all my classmates who enrolled in the

Gianfranco Fini: Dopo essermi diplomato al liceo artistico, a differenza di tutti i miei compagni che si iscrissero alla facoltà di Architettura, io volevo dedicarmi alla pittura. Nonostante i miei genitori fossero contrari, mi recai a Parigi senza un soldo in tasca e, per riuscire a mantenermi, andai a lavorare anche ai mercati generali. In Francia ebbi la fortuna di incontrare Giuseppe Capogrossi, ma dopo molte difficoltà rientrai in Italia un anno e mezzo dopo. A Roma conobbi un gruppo di altri giovani di piazza del Popolo che condividevano i miei stessi obiettivi, in particolare la pittura. Tra questi, Franco Angeli (che in realtà faceva il tappezziere), Tano Festa, Mario Schifano, Pino Pascali. Nel frattempo, mi ero iscritto all'università alla facoltà di Architettura, la mattina frequentavo i corsi e la sera mi ritrovavo con questo gruppo. I nostri dipinti vennero esposti anche a via Margutta. Poi lavorai per il teatro e il cinema, occupandomi di scenografia, ma non riuscivo a fare troppe cose insieme e soprattutto la pittura non era remunerativa, così la misi da parte, pentendomene poi per il resto della vita.

Entrai a far parte dello Studio Design Sette di Fabrizio Cocchia (in via Bruno Buozzi 77 a Roma) quando non ero ancora laureato, ma già avevo molto estro creativo ed ero pieno di idee. Quasi tutte le lampade che abbiamo firmato insieme, in realtà nacquero da idee mie, ma – per umiltà e riconoscenza verso lo Studio – avevo accettato di spartirne la paternità. Gli schizzi pubblicati sul libro di Fulvio Ferrari *Luce* sono disegni miei in collaborazione con Mario Vento, ripresi dal fratello Gianni su due paginette, ma servivano più che altro come listino prezzi e ogni tanto anche per la promozione. Abbiamo collaborato per un paio di anni, poi sono dovuto andare in Brasile per seguire un mio progetto e la società, di fatto, si è sciolta. Vento era proprio un personaggio incredibile, il tipico sornione romano, sempre pieno di entusiasmo... Io andavo da lui con questi schizzi a china su carta lucida con le misure; erano oggetti futuristici che pensavo Mario non avrebbe mai preso in considerazione, e invece lui era sempre propositivo, voleva subito realizzare un prototipo e partire con una produzione commerciale. A quel punto, era una fucina di idee, e ognuno dava il suo apporto.

P.B.d'A.: Ha mai sentito parlare di Studio Uno o di Hjalmarson?

G.F.: Confermo che non ho mai saputo dell'esistenza di alcuno Studio Uno

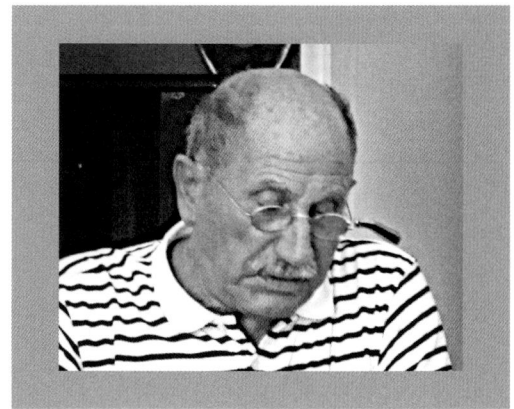

o Ingrid Hjalmarson o Hsalmarson. Molto probabilmente era Mario Vento che, per sembrare più internazionale o anche più chic, affidava la paternità dei suoi progetti personali a nomi di comodo. Mi ricordo il primo Salone del Mobile di Milano, lo spazio era veramente minimo, non più grande di una sala da pranzo, e tutte le sculture luminose erano esposte accese e la gente passava e comprava anche lì. Tutti erano entusiasti, soprattutto gli stranieri erano incantati dalla magia che avvolgeva le nostre opere d'arte luminose.

P.B.d'A.: Che cosa la ispirava?

G.F.: Di certo sono stato influenzato dall'Optical Art, anche dall'arte cinetica e da Julio Le Parc. Una mia opera in ferro,

Versione definitiva
del modello Osaka
in una foto d'archivio
Final version of the Osaka
model in an archive photo

Architecture, I wanted to devote myself to painting. Despite my parents' opposition, I went to Paris without a cent, and I even worked at the general markets to support myself. In France, I was fortunate to meet Giuseppe Capogrossi, but after many difficulties, I returned to Italy a year and a half later. In Rome, I met a group of other young people from Piazza del Popolo who shared my same goals, especially in painting. Among them were Franco Angeli (who was actually a upholsterer), Tano Festa, Mario Schifano, Pino Pascali. Meanwhile, I had enrolled at university in Architecture, attending classes in the morning and meeting with this group in the evening. Our paintings were also exhibited on via Margutta. Then I worked for the theatre and cinema, dealing with set design, but I couldn't manage too many things at once. And above all, painting was not lucrative, so I set it aside – only to regret it for the rest of my life.

I joined Fabrizio Cocchia's Studio Design Sette (located on via Bruno Buozzi 77 in Rome); I hadn't graduated yet, but I already had a lot of creative flair and was full of ideas. Almost all the lamps that bore both our names actually originated from my ideas, but – out of humility and gratitude to the studio – I accepted to share authorship. The sketches published in Fulvio Ferrari's book *Luce*, revisited by his brother Gianni on two pages, are my drawings in collaboration with Mario Vento but they were mainly used as a price list and occasionally for advertising. We collaborated for a couple of years, then I had to go to Brazil to follow a project of my own, and the partnership dissolved.

Vento was truly an incredible character, the typical crafty Roman, always full of enthusiasm... I would go to him with these ink sketches on glossy paper with measurements; they were futuristic objects that I thought Mario would never consider, but he was always proactive, wanting to immediately create a prototype and start with commercial production. At that point, it was a hotbed of ideas, with everyone contributed their input.

P.B.d'A.: Have you ever hear of Studio Uno or of Hjalmarson?

G.F.: I have never heard of any Studio Uno or of Ingrid Hjalmarson or Hsalmarson. Most likely, it was Mario Vento who attributed the authorship of his personal projects to convenient names, in order to appear more international or even chic.

esposta alla Quadriennale di Roma e intitolata *L.E.A (Luce e Acciaio)*, ha dato vita al mio Programma con Newlamp. Pensi che posseggo un esemplare a cui mancano degli sportellini. Ero stato contattato da una persona che voleva rifare alcune delle mie lampade, e gli avevo risposto che non si potevano rifare quelle di Newlamp, ma avrei potuto disegnarne di nuove. Così, mi rivolsi a lui e gli mandai il mio Programma per fargli rifare gli sportellini e, poco tempo dopo avermi aiutato, mi chiese di autenticargliene un altro esemplare... e la cosa mi insospettì non poco. A quel punto, capii come avevano fatto tante copie di questa bellissima scultura luminosa. Per fortuna, avendone una originale, posso verificare ogni dettaglio ancora oggi. Un altro mio progetto è Quasar, sia in metacrilato bianco con luce calda sia con plexiglas trasparente e lampada di wood che conferiva riflessi verdi alla struttura. Anche Quanta è uno dei miei fiori all'occhiello: vorrei tanto comprarne un esemplare, ma ne hanno realizzate

talmente poche, a causa della fragilità dei suoi materiali, che ho perso la speranza. Al Museum of Modern Art di New York è conservato un esemplare, ma non sono certo che sia un originale. So che hanno falsificato anche quello. Con Fabrizio Cocchia ho disegnato anche Obelisco, un grande quadrifoglio in acciaio con un unico neon all'interno e la luce che attraversava le fessure, mentre Osaka nasce dal mio progetto per i padiglioni dell'Expo di Osaka del 1970, con strutture verticali a 45 gradi. Ovviamente, per le lampade, l'angolo non poteva essere così ampio perché non si potevano reggere e dovevano essere indipendenti in modo da poterle posizionare a piacimento tra loro. La prima versione era stata progettata senza la base nera, Vento deve averla modificata dopo per esigenze estetiche ma anche statiche. Morgana, invece, per me avrebbe dovuto chiamarsi Flipper, per la luce che veniva riflessa dagli elementi in acciaio, come quando la biglia colpisce i vari pezzi del

flipper. Vento deve averle cambiato il nome in uno di maggior risonanza commerciale. Anche Riflessa è un mio progetto. In foto sembra più evidente, ma la luce riflessa dai cubi in alluminio lucidato non è poi risultata così forte. Forse Mario Vento si è sbagliato perché bisognava usare l'acciaio lucido. Ziggurat, invece, è un progetto interamente di Cocchia, mentre Spaziale nasce da una mia opera d'arte in acciaio di 1 x 1 x 2 metri, con queste lame in alluminio fissate alla base. Infine, Cesca. L'ho progettata io e l'ho dedicata, appunto, a mia figlia Francesca.

P.B.d'A.: Grazie per l'intervista, architetto. Speriamo di poter dare finalmente lustro a Newlamp e i dovuti riconoscimenti all'ingegno di chi l'ha già portata a raggiungere le vette delle vendite all'incanto più specializzate e rinomate al mondo, e magari collaborare anche a una bella mostra di sculture luminose, pezzi unici di storia del design italiano.

I remember the first Salone del Mobile in Milan; the space was truly minimal, no larger than a dining room, and all the light sculptures were displayed illuminated, attracting people who would pass by and make purchases right then and there. Everyone was enthusiastic, especially foreigners captivated by the magic surrounding our luminous works of art.

P.B.d'A.: What inspired you?

G.F.: I was definitely influenced by Optical Art, as well as by kinetic art and by Julio Le Parc. One of my iron works, exhibited at the Quadriennale in Rome and titled *L.E.A.* (*Luce e Acciaio*, Light and Steel), gave rise to my Programma with Newlamp. I have a copy with missing panels. I was contacted by someone who wanted to recreate some of my lamps, and I replied that it couldn't be done with Newlamp's designs, but that I could create new ones. So, I turned to him and sent him my Programma to recreate the panels and, shortly after helping me, he asked me to authenticate another copy... which raised my suspicions. At that point, I realised how many copies were being made of this beautiful light sculpture.

Luckily, I own an original one, allowing me to verify every detail to this day.
Another of my projects is Quasar, both in white acrylic with warm light and clear Plexiglas with a wood lamp that gave green reflections to the structure. Quanta is also one of my pride and joys; I would love to buy a copy but have lost hope; so few were made due to the fragility of its materials. One copy is preserved at the Museum of Modern Art in New York, but I'm not sure it's an original. I know that's one of the ones that has been forged. With Fabrizio Cocchia, I also designed Obelisco, a large steel quatrefoil with a single neon inside and light passing through the slots. Osaka stems from my design for the pavilions of the Osaka Expo in 1970, with vertical structures at 45 degrees. Obviously, for the lamps, the angle could not be so wide because they couldn't support it, and had to be independent so to be freely positioned. The first version was designed without the black base; Vento must have modified it later for aesthetic but also static reasons. Morgana, on the other hand, should have been called Flipper for the light reflected by the polished aluminium elements, like when the marble hits the various parts of

a pinball machine. I assume Vento changed the name for greater commercial resonance.
Riflessa is another one of my designs. It shows more clearly in photos, but the light reflected by the polished aluminium cubes didn't turn out to be so strong. Perhaps Mario Vento made a mistake; he should have used polished steel. Ziggurat was designed entirely by Cocchia, while Spaziale originates from one of my steel artworks measuring 1 x 1 x 2 m, with these aluminium blades fixed to the base.
Last but not least, Cesca. I designed it myself and dedicated it to my daughter Francesca.

P.B.d'A.: Thanks for the interview, Mr. Fini. Let's hope we can finally bring prestige to Newlamp and give due recognition to the brilliance of those who have already brought it to the heights of sales at the most specialised and renowned auctions in the world. And perhaps collaborate on a stunning exhibition of light sculptures, one-of-a-kind pieces in the history of Italian design.

Mario Vento

Mario Vento negli anni sessanta
Mario Vento in the 1960s

Mario Vento e Umberto
Eusepi negli anni sessanta
**Mario Vento and Umberto
Eusepi in the 1960s**

La Fiat 1300 verde modificata
da Mario Vento con tenda
apribile sul tetto
The green Fiat 1300 modified
by Mario Vento with
a convertible car roof

Gianni Vento fotografato
in vacanza
Gianni Vento photographed
on holiday

La Fiat 1300 durante un viaggio
in Romania. Si possono leggere
le scritte adesive delle città
Roma, Atene, Istanbul, Sofia,
Bucarest, Budapest e Vienna
The Fiat 1300 during a trip
to Romania. One can glimpse
the stickers of the cities
Rome, Athens, Istanbul,
Sofia, Bucharest, Budapest,
and Vienna

Forme Luminose della New Lamp e Imago dp Dicembre 1970

design studio
claudio fassi designer

2B

CENTRO INTERNAZIONALE RICERCHE PLASTICHE BERGAMO VIALE V.EMANUELE 4i

Newlamp. Segnali di luce, da un passato (prossimo)
che guardava al futuro (remoto)

Matteo Pirola

Newlamp. Signals of Light from the (Recent) Past,
Looking Towards the (Distant) Future

IMMAGINI
DELIX
SALONE
DEL
MOBILE

1 ARRELAMP
2 MAZZEGA
3 SIRRAH
4 LUMEFORM
5 GABBIANELLI
6 TECNOLYTE
7 TOSO
8 MAZZEGA
9 NUCLEO
10 NEW LAMP
11 LUMENFORM
12 ECOLYTE
13 STUDIO LUCE
14 LUCI
15 NEW LAMP
16 NUCLEO
17 MAZZEGA
18 TOSO
19 SELENOVA
20 ECOLYTE
21 LEUCOS

Per una nuova luce ci vogliono nuove lampade, nuovi concetti di illuminazione, che rischiarino il buio creativo e schiariscano nuove strade progettuali e imprenditoriali. Così deve aver pensato Mario Vento, quando nel 1969, esattamente il 19 aprile, fondò la Newlamp s.r.l., mettendosi direttamente in prima linea con una nuova impresa, all'apice di un nuovo periodo di rinnovamento per il design italiano. Erano i giorni della XLVII Fiera Campionaria di Milano (14-25 aprile 1969), otto anni dopo la prima missione

spaziale di Gagarin (12 aprile 1961) e il primo Salone del Mobile di Milano (24 settembre - 1° ottobre 1961); tre mesi prima dell'allunaggio dell'Apollo 11 (20 luglio 1969) e cinque mesi prima del suo primo sbarco al IX Salone del Mobile di Milano (21-28 settembre 1969), il secondo con portata internazionale.

Il nome della nuova 'ditta' (termine desueto che però è adeguato a descrivere quei tempi un po' scanzonati dell'economia italiana) è chiaro e diretto,

didascalico si potrebbe dire, con il prefisso *new*, che chiarifica da subito lo scopo di rinnovamento del panorama e il sostantivo *lamp* che non lascia dubbi sulla categoria merceologica delle proposte. Anche la scelta dell'uso della lingua inglese per il nome fu sicuramente una scommessa coraggiosa e audace ma vincitrice rispetto a un panorama internazionale che stava riconoscendo univocamente il design italiano. La nuova azienda derivava dalla Art Lamp, di cui adotta alcuni primi modelli e che è una

For a new type of light, new lamps are needed; novel lighting concepts that illuminate the creative darkness and clear the way for new design and entrepreneurial paths. This must have been what Mario Vento had in mind when he founded Newlamp s.r.l. in 1969 – on 19 April, to be exact – embarking on a new venture at the peak of a highly innovative period for Italian design. These were the days of the 47th Fiera Campionaria (Milan, 14–25 April 1969), eight years after Gagarin's first space mission (12 April 1961) and the first Salone del Mobile (Milan, 24 September – 1 October 1961); three months before the Apollo 11 Moon landing (20 July 1969), and five months before Vento's first exhibition at the 9th Salone del Mobile (Milan, 21–28 September 1969), which was the second edition with an international scope.

The name of the new "ditta" (an outdated Italian word for "company" that is, however, appropriate to describe those somewhat carefree times in the Italian economy) is clear and direct – informative, one might say – with the prefix "new" immediately clarifying the aim of offering innovative products and the noun "lamp" leaving no doubt about the type of items included in the catalogue. Even the choice to use the English language for the name was certainly a courageous and audacious bet, but a winner compared to an international panorama that was uniquely recognizing Italian design. The new company stemmed from Art Lamp, of which it adopted some early models and was already an established firm led by Mr. Cristofari, one of Vento's suppliers of furnishing lamps. Initially, they were partners, but later Vento took the helm, leading him to participate in trade fairs and begin to make a name for himself in the industry.[1] Art Lamp was perhaps directly inspired by Gino Sarfatti's legendary Arte Luce, and the subsequent Newlamp certainly shared its pioneering spirit, but also the year of its mysterious and abrupt closure in 1973.

Mario Vento was already involved in design by running a furniture shop in Rome as his main and ordinary business activity. Probably, this new production of extraordinary lamps was initially and wisely intended to complement the offer of a series of items and accessories that could enhance the interiors he was furnishing for his customers. However, he also set the ambitious goal of creating a new independent market.

Vento is remembered as a strong and tall man, cultured and imaginative; ingenious and enthusiastic;[2] sly, imperturbable, a little rough, and with a strong Romanesco accent,[3] by all those who met and knew him. In a sense, he was a typical Italian small businessman, an enterprising dreamer who found the courage to emancipate himself from a limited local reality to take centre stage and, with much ambition, go beyond the stereotypical Italian attitude, simply aimed at "making ends meet".

The first workshop was set up in the basement of the furniture shop. It was a dark environment (thus ideal to manufacture lamps and test their luminescence), equipped with all the necessary tools for the development of prototypes and proto-industrial products. Vento was assisted by his brother Gianni, who took care of product photography, infographics, and advertising materials, also establishing the first international relationships as he was the only one who spoke English. The employees were a few specialised workers (at the peak of employment, they did not exceed ten units) who knew how to deal with electricity and the skilful processing plastic and the more

realtà già formata e guidata da un certo signor Cristofari, un suo fornitore di lampade per l'arredamento. Nelle prime fasi furono soci, dopodiché solo Vento prese la guida che lo condusse alle prime fiere e ai primi successi commerciali[1]. La Art Lamp era forse una diretta epigone (quasi una traduzione letteraria) della mitica Arte Luce di Gino Sarfatti e la conseguente Newlamp ne ha condiviso sicuramente lo spirito pioneristico ma anche l'anno della misteriosa e repentina chiusura nel 1973.

Mario Vento si occupava già di design conducendo a Roma un negozio di arredamento come attività primaria e ordinaria, mentre probabilmente questa nuova produzione di lampade straordinarie voleva inizialmente e saggiamente completare l'offerta di un sistema di oggetti e complementi che potessero arricchire innanzitutto gli interni che andava ad arredare per i suoi clienti, ponendosi però l'obiettivo ambizioso di creare un nuovo mercato indipendente. Vento viene ricordato dai vari testimoni di questa vicenda come un uomo forte e alto, colto ed estroso, ingegnoso ed entusiasta[2], sornione, imperturbabile, un po' rude e con un forte accento romanesco[3]. Potremmo riconoscere un tipico piccolo imprenditore italiano (di quelli che con l'ingegno, l'entusiasmo e un po' di sana incoscienza, sono riusciti a fare la differenza), sognatore e intraprendente, che trovò il coraggio di emanciparsi da una realtà locale e periferica per andare direttamente al centro del palco con intenzioni ben più alte di una classica attitudine italica volta semplicemente a 'sbarcare il lunario'.

Il laboratorio della prima produzione venne realizzato organizzando un'officina nello scantinato interrato del negozio di arredamento. Era un ambiente buio (quindi idealmente perfetto per la produzione di lampade e la verifica degli effetti luminescenti) e attrezzato con tutti gli strumenti necessari allo sviluppo dei prototipi e della produzione protoindustriale. Vento era assistito dal fratello Gianni, che si adoperava con la fotografia dei prodotti e con la grafica dei materiali informativi e pubblicitari, oltre a seguire le prime relazioni internazionali, essendo l'unico a parlare inglese. I collaboratori dipendenti erano pochi operai specializzati (nella fase di massimo impiego non superavano le dieci unità) che sapevano occuparsi di elettricità e della sapiente lavorazione dei nuovi materiali plastici e dei più tradizionali metalli sottoforma di lamiera. Questi artigiani realizzavano gli oggetti uno a uno, a mano, con tutte le difficoltà del caso e quindi con l'impossibilità di una fornitura in grande serie. Le piccole serie hanno spesso caratterizzato lo sviluppo del design italiano, probabilmente non essendo subito recepite dal grande pubblico ma a volte, non di rado, finendo invece direttamente, proprio per la loro rarità, nei musei del mondo. Non trovando un mercato, alcune idee sono rimaste dei prototipi, anche per via delle difficoltà costruttive e dei costi di produzione di oggetti innovativi, certo, ma anche complessi, delicati e fragili.

Le innovazioni illuminotecniche del periodo hanno aumentato moltissimo il potenziale progettuale, per cui lampadine a incandescenza di varie dimensioni – mignon, medie e maxi – con cupolini argentati o smerigliati, tubi al neon artigianali o industriali, accessori per la gestione dell'alta tensione e soprattutto gli impianti a bassa tensione permettevano maggiore libertà di conduzione dell'elettricità e quindi maggiore sicurezza e flessibilità nelle composizioni luminose. I materiali utilizzati rispecchiavano benissimo lo spirito del tempo che manteneva un sapore industriale ma con un gusto patinato. Lamiere metalliche di alluminio o acciaio, satinate, lucidate, cromate,

Depliant pubblicitario per la
Rassegna di forme luminose
prodotte da Newlamp
e Imago dp, a Bergamo, 1970
Advertising leaflet for the
Rassegna di forme luminose
produced by Newlamp
and Imago dp, in Bergamo,
1970

Bergamo, V.le Vittorio Emanuele 47
Inaugurazione
5 dicembre 1970, ore 18,30

design studio
Claudio Fassi designer

2B
CENTRO INTERNAZIONALE
RICERCHE PLASTICHE

traditional metals in the form of sheet metal. These craftsmen made the objects one by one, by hand, facing all the difficulties involved and the limits of small-scale production and therefore with the impossibility of supplying in large series. Limited editions have often characterised Italian design, probably not being immediately well received by the general public, but sometimes – or rather quite frequently – ending up instead, precisely due to their rarity, directly in museums all around the world. Unable to find a market, some ideas remained prototypes, also due to the construction difficulties and production costs of innovative but complex, delicate, and fragile items.

At the time, innovations in lighting technology dramatically increased the design potential, whereby incandescent bulbs of various sizes – small, medium, and large – with silver-plated or frosted heads, handcrafted or machine-made neon tubes, high-voltage accessories and, above all, low-voltage systems ensured greater freedom in the conduction of electricity and thus greater safety and flexibility in lighting compositions. The materials used embodied the spirit of the time, characterised by an industrial yet

Mostra di lampade
nella comunicazione visiva

Il Design Studio
e il Centro 2B
sono lieti di invitarla
alla inaugurazione
della Rassegna
di forme luminose
prodotte dalla
NEW LAMP ed IMAGO dp

Vige ancora, e con preoccupante insistenza, la distinzione tra oggetto estetico, privo cioè di qualsiasi funzione pratica, e oggetto utilitario, fornito invece di una funzione pratica precisa.
Viene fatto, ora, di domandarsi se si tratti effettivamente di una differenza sostanziale o, al contrario, di due proprietà coesistenti.
È chiaro che un dipinto non è una lampada; eppure ambedue, dopo un certo tempo, finiscono nel museo.
La differenza fra i due oggetti è data così soltanto dalla provvisorietà dell'impiego, è legata cioè alla pura contingenza.
Che dire infatti di certe antiche opere d'arte, i tappeti persiani poniamo, la cui funzione prima era quella di costituire una parete divisoria?
E se dovessimo ancora prestare fede a tale concetto che stabilisce una netta separazione fra oggetto estetico e oggetto utilitario, ne fa due categorie distinte ed opposte, dovremmo per coerenza negare ogni e qualsiasi contenuto estetico all'architettura.
Possiamo pensare perciò che il fattore estetico è sempre e comunque presente – almeno come intenzionalità – in tutti gli oggetti che l'uomo esegue ed offre perchè siano fruiti dagli altri uomini. Tali lampade, infatti, tendono a creare un ambiente in cui l'esteticità sia massimamente diffusa ed imposta a tutti i livelli.
La loro caratteristica è d'altro canto quella di essere, per così dire, un'immagine utilizzabile, un'immagine vissuta per via diretta, attiva, e non per via contemplativa.

Centro 2B di Bergamo

specchianti e riflettenti, moltiplicavano le proiezioni luminose, rendendo brillanti le superfici, e costituivano le cornici, o i basamenti, per i corpi che emettevano luce diretta o indiretta. La luce veniva condotta attraverso degli elementi geometrici semitrasparenti, che la diffondevano, la amplificavano e la rendevano 'grafica'. Erano, in sostanza, i nuovi vetri sintetici, performativi, leggeri, flessibili, infrangibili, in cui ci si perdeva nelle denominazioni commerciali variegate – plexiglas, perspex, policarbonato, metacrilato – e che parlavano di nuovi materiali artificiali a disposizione dell'industria e del design. Oltre ai colori 'neutri' dei materiali lavorati e lasciati a vista, quando il colore artificiale subentrava sovrapponendosi, parlava il linguaggio netto del bianco o del nero, oppure dei tipici toni accesi di quell'epoca, come l'arancione, il giallo, il verde, il blu, fino a volte a tingersi di marrone e viola.

Pur di piccole dimensioni (ma tutta l'economia italiana è caratterizzata e sostenuta dalle micro imprese come questa), c'erano tutti i presupposti per un successo duraturo, ma purtroppo queste solide premesse non furono sufficienti per superare il rapido e inaspettato tramonto innescato prima da un improvviso incendio che distrusse

tutto e costrinse a più cambi di sede, poi dalle conseguenti problematiche finanziarie e gestionali, e infine dalla crisi energetica e petrolifera internazionale del 1973, che costrinse molti produttori e artigiani a rallentare e quindi fermare la produzione di oggetti realizzati con materiali derivati dalla produzione del petrolio. Nonostante tutte le migliori intenzioni e la breve storia già ricca di affermazioni, Newlamp non si risollevò, e Mario Vento abbandonò l'operato coraggioso, continuando però a dedicarsi alla produzione e alla vendita di arredi tradizionali, facendo perdere le tracce di questa sua piccola ma eroica impresa.

Tornando al racconto del contesto e alla ricostruzione possibile di questa storia incredibile e stupefacente, ancora non scritta e non completa nella sua totalità, oltre alla sede e agli operai, fondamentale è porre l'attenzione agli autori coinvolti in questa avventura. Come il già citato Gino Sarfatti, Mario Vento oltre alle qualità personali rientra a pieno titolo in quella categoria di artigiani/imprenditori/designer che sono stati essenziali per la storia del design contemporaneo, specialmente nel settore dell'illuminotecnica. Ricordiamo le più o meno celebri altre esperienze, tra progettazione e produzione, di Angelo

Lelii con Arredoluce, Ernesto Gismondi con Artemide e Ingo Maurer con l'omonima impresa. Come in questi casi più noti e da manuale, era lui stesso il principale designer, ma seppe invitare alla partecipazione altri autori che pur nella brevissima vita aziendale riuscirono a creare un catalogo uniforme, riconoscibile e, detto con il senno di poi, invidiabile.

Facendo una premessa storico-critica, nelle opere di Newlamp si possono rintracciare semi di ispirazione in alcuni esempi di lampade Art Déco molto avanguardistiche con forme astratte, vetri colorati e metalli nobilitati, quali quelle prodotte tra la fine degli anni venti e l'inizio dei trenta in Francia dalla Maison Desny, oppure disegnati da Louis Sognot e Charlotte Alix, artisti decorativi che incarnavano perfettamente quello spirito modernista che stava conducendo le arti applicate verso il nuovo concetto di design. Lo stesso spirito e linguaggio che in Germania animava inizialmente la Bauhaus a Weimar e che in Italia Gio Ponti (subito insieme a Pietro Chiesa) provava a sviluppare con Luigi Fontana, dando avvio alla nuova avventura tra vetro, luce e design di Fontana Arte. Oltre a quei primordi del design che hanno generato nuove realtà lungo tutto

Articolo *Ma queste luci non sono troppe?*, in "Abitare", gennaio-febbraio 1971, in cui compaiono i modelli Dedalo, Quanta, Riflessa, Ascissa, Screen e Azimut
Article "Ma queste luci non sono troppe?", in *Abitare*, January-February 1971, in which Dedalo, Quanta, Riflessa, Ascissa, Screen and Azimut models appear

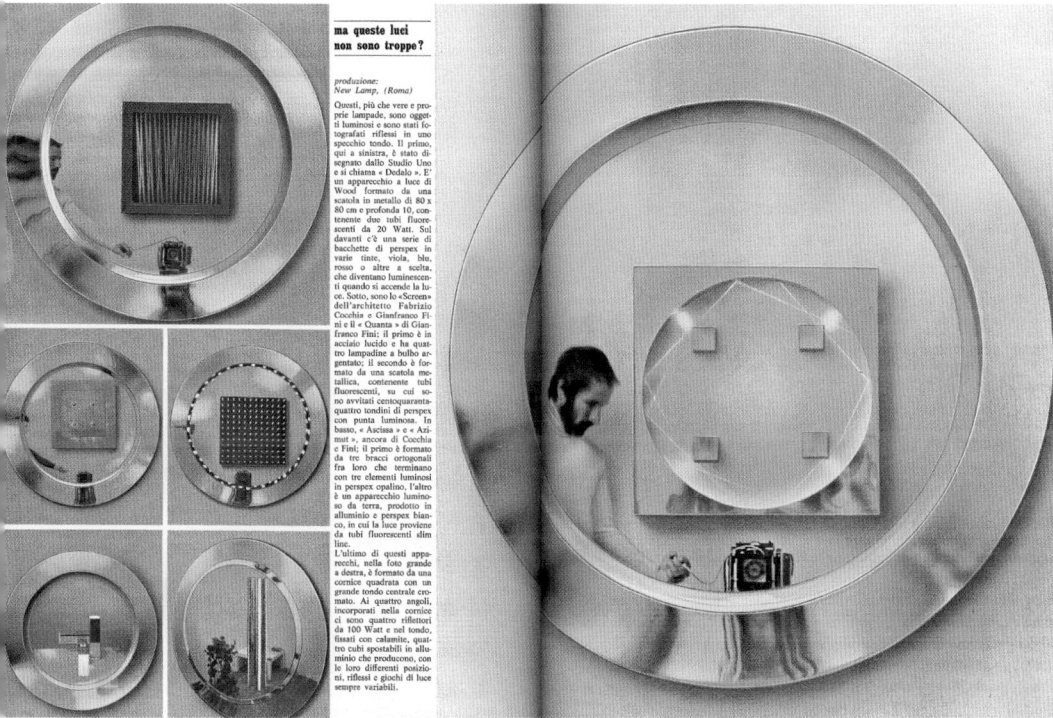

ma queste luci non sono troppe?

produzione:
New Lamp. (Roma)

Questi, più che vere e proprie lampade, sono oggetti luminosi e sono stati fotografati riflessi in uno specchio tondo. Il primo, qui a sinistra, è stato disegnato dallo Studio Uno e si chiama «Dedalo». È un apparecchio a luce di Wood formato da una scatola in metallo di 80 x 80 cm e profonda 10, contenente due tubi fluorescenti da 20 Watt. Sul davanti c'è una serie di bacchette di perspex in varie tinte, viola, blu, rosso o altre a scelta, che diventano luminescenti quando si accende la luce. Sotto, sono lo «Screen» dell'architetto Fabrizio Cocchia e Gianfranco Fini e il «Quanta» di Gianfranco Fini; il primo è in acciaio lucido e ha quattro lampadine a bulbo argentato; il secondo è formato da una scatola metallica, contenente tubi fluorescenti, su cui sono avvitati centoquarantaquattro tondini di perspex con punta luminosa. In basso, sono «Ascissa» e «Azimut», ancora di Cocchia e Fini; il primo è formato da tre bracci ortogonali fra loro che terminano con tre elementi luminosi in perspex opalino, l'altro è un apparecchio luminoso da terra, prodotto in alluminio e perspex bianco, in cui la luce proviene da tubi fluorescenti slim line.
L'ultimo di questi apparecchi, nella foto grande a destra, è formato da una cornice quadrata con un grande tondo centrale cromato. Ai quattro angoli, incorporati nella cornice ci sono quattro riflettori da 100 Watt e nel tondo, fissati con calamite, quattro cubi spostabili in alluminio che producono, con le loro differenti posizioni, riflessi e giochi di luce sempre variabili.

sophisticated taste. Frosted, polished, chrome-plated, mirrored, and reflective aluminium or steel sheets multiplied the light projections by making the surfaces shiny and defined the frames or bases of the bodies that emitted direct or indirect light. Light is conducted through semi-transparent geometric elements, which diffuse, amplify, and make it "graphic". Essentially, these are the new synthetic, performative, lightweight, flexible, and

unbreakable glasses – marketed as Plexiglas, Perspex, polycarbonate, or methacrylate – which tell about the innovative, artificial materials available for the design and industry. In addition to the "neutral" hues of the processed materials, intentionally left unaltered, when artificial colour was added, lamps spoke the stark language of black and white or took on the typical vibrant tones of the time, such as orange, yellow, green,

blue, and sometimes even brown and purple.

Despite being a small business (however, micro-enterprises are the backbone of the entire Italian economy), Newlamp had what it takes to achieve lasting success. Unfortunately, these solid prerequisites were not enough to overcome the rapid and unexpected sunset triggered first by a sudden fire that destroyed its headquarters and forced several relocations, then by the subsequent financial and management issues, and finally by the 1973 energy and oil crisis, which forced many companies and artisans to slow down or halt the manufacture of oil-derived products. Despite all the best intentions and a short history already full of affirmations, Newlamp did not rise like a phoenix, and Mario Vento gave up. He continued to dedicate himself to the production and sale of traditional furniture, and over time the traces of his small but heroic enterprise got lost.

Returning to the historical context and the reconstruction of this incredible and astounding story, still unwritten and incomplete, besides the headquarters and the workers, it is essential to focus on the creatives involved in this

la legge non stabilisce quanta lana vergine c'è in un tappeto

questo marchio è la legge in nome della lana vergine

PURA LANA VERGINE

Decora 1404 Oro mm 140 x 200

DESIGNER VICTOR ZIGANTE

Paracchi sta con la legge della lana vergine

TAPPETI leone di persia

dal 1901
G. Paracchi & C.
Richiedete opuscolo illustrativo e nominativi di rivenditori di zona a
G. PARACCHI & C. 10149 TORINO Via Plattezza 17

TAPPETI MODERNI NELLE QUALITÀ:
LINEA CONTEMPORANEA - NEWFORM
DECORA - SAGA - HYPPIE - MARLY
STRUCTURA - GRAPHICA - COROLLA

il Ventesimo secolo, è utile collocare il lavoro di Newlamp in relazione alle nuove avanguardie delle arti visive degli anni sessanta e settanta, allora a loro contemporanee, come l'Arte Cinetica e l'Arte Programmata, e soprattutto l'Optical Art[4] quando aveva commistioni con la luce artificiale.

Gli autori progettisti di Newlamp sono tutti artisti liberi, interdisciplinari, designer che affrontano il tema da diversi punti di vista, che proiettano visioni in prospettive caleidoscopiche, che sanno illuminare più angoli dell'immaginazione. Gianni Colombo (fratello solo anagraficamente minore del più celebre designer Joe) fu probabilmente l'autore più noto coinvolto nella progettazione di alcune lampade, artista visivo e membro del Gruppo T (che sta per Tempo – con Anceschi, Boriani, De Vecchi e Guarisco) che univa nuove espressioni visive atmosferiche, con la percezione delle modificazioni temporali come fattore estetico e verso la costruzione di opere cinetiche e ambientali. Gianfranco Fini è stato, invece, sicuramente l'autore che più di tutti e con maggiori occasioni ha interpretato il potenziale di Newlamp. La sua carriera da artista ha inizio con la pittura in quegli anni sessanta che vedevano Roma come un centro molto

dinamico e prolifico grazie a un gruppo di autori della cosiddetta Scuola di Piazza del Popolo, tra i quali Angeli, Ceroli, Festa, Kounellis, Lo Savio, Pascali, Schifano, Uncini, e con alcuni dei quali stringe un rapporto fraterno e collaborativo. Dopo un periodo speso a Parigi, rientra nella città natale e si dedica all'architettura,

iscrivendosi all'università, e soprattutto al design, entrando nello studio di Fabrizio Cocchia (Design Sette), diventandone socio e cofirmando molte lampade per Newlamp. Mentre la sua attività di designer a Roma "veniva continuamente frustrata"[5], nonostante numerosi tentativi e prodotti realizzati con alcune aziende

adventure. For his personal qualities, and just like the above-mentioned Gino Sarfatti, Mario Vento belongs in his own right to that category of craftsmen/entrepreneurs/designers who have been essential to the history of contemporary design, especially in the field of lighting technology. Let us recall other more or less famous companies oscillating between design and mass-production, such as Arredoluce by Angelo Lelii, Artemide by Ernesto Gismondi, and Ingo Maurer with the company of the same name. As in these more well-known and textbook cases, it was himself the main designer, but he invited other creatives to participate in the project and, despite the company's brief lifespan, they managed to create a cohesive, recognisable and, in hindsight, remarkable catalogue.

From an art historical point of view, Newlamp drew inspiration from some highly avant-garde Art Deco lamps defined by abstract shapes, coloured glass, and precious metals, manufactured between the late 1920s and early 1930s in France by Maison Desny or designed by Louis Sognot and Charlotte Alix, decorative artists who perfectly embodied the modernist spirit that was transforming applied arts into

design—a brand-new concept at the time. It was the same spirit and language that initially characterised the Bauhaus in Weimar, Germany, and that in Italy Gio Ponti (together with Pietro Chiesa) attempted to develop with Luigi Fontana, giving rise to a new adventure in glass, light, and design called "Fontana Arte". In addition to those first steps of design that led to innovations in the industry throughout the 20th century, the work of Newlamp can be related to avant-garde visual arts of the 1960s and 1970s, such as Kinetic Art and Programmed Art, but especially Optical Art[4] when it experimented with artificial light.

Newlamp's designers were all free-spirited, interdisciplinary artists who approached the subject from different points of view, who projected their visions in kaleidoscopic perspectives, and who knew how to illuminate multiple corners of the imagination. Gianni Colombo (the younger, only by registry, brother of Joe, an acclaimed designer) was probably the most well-known creative involved in the design of some lamps. He was a visual artist and, along with Anceschi, Boriani, De Vecchi, and Guarisco, a member of the "Gruppo T" (T is for Tempo [Time]), which combined new atmospheric visual expressions with

the perception of time as an aesthetic factor, towards the construction of kinetic and environmental pieces. Gianfranco Fini, on the other hand, was certainly the designer who more than anyone and most often interpreted the potential of Newlamp. He began his career as a painter in the 1960s, when Rome was a highly dynamic and prolific centre thanks to a group of artists from the so-called "Scuola di Piazza del Popolo", including Angeli, Ceroli, Festa, Kounellis, Lo Savio, Pascali, Schifano, and Uncini, with some of whom he established a fraternal and collaborative relationship. After a period spent in Paris, he returned to his hometown and devoted himself to architecture, enrolling at the university, but above all to design, joining Fabrizio Cocchia's Design Sette, becoming a partner of the studio, and co-creating many pieces for Newlamp. While his career as a designer in Rome "was continually frustrated"[5], and despite numerous attempts and products made with some companies in the technology or furniture industry, it was with Mario Vento and Newlamp, who wanted to go beyond the boundaries of the capital, that he established the most fruitful collaboration. They shared the same creative and experimental attitude,

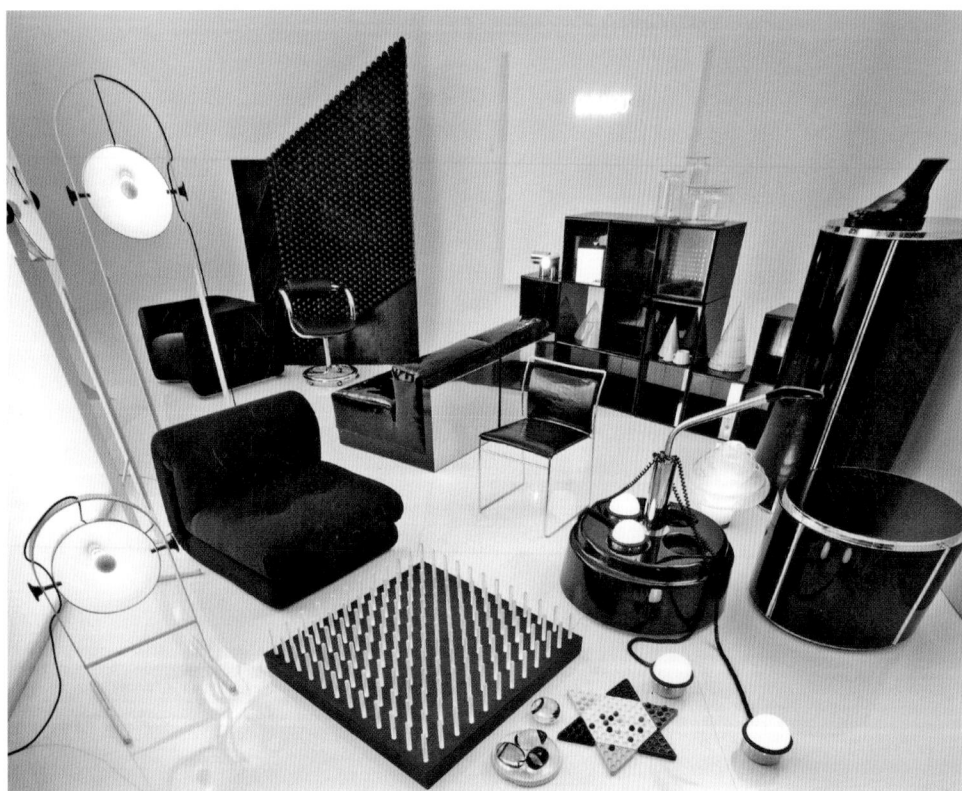

dell'industria tecnologica o dell'arredamento, con Mario Vento e con Newlamp, che voleva travalicare i confini della capitale, trovò la giusta coincidenza e comunanza. Fu una sinergia carica di grande creatività e sperimentazione che portò a numerosi risultati, realizzati senza troppe premesse o pretese, ma che divennero subito notevoli successi grazie alla stretta collaborazione con quelli che lui stesso definì deliziosamente "artigiani ferraioli".

Altre firme che collaborarono alla breve storia di Newlamp furono Riccardo Meli, un pittore e artista visivo siciliano che, come molti, in quegli anni provò a confrontarsi e cimentarsi con il design, oltre a Giuseppe Ravasio (che risulta anche come titolare di un negozio di arredamento romano chiamato Design 2000) e Rinaldo Cutini, di cui ancora si cercano tracce e facce, per dare un volto, una professione e quindi dei riferimenti a questi pseudo nomi. Compaiono nei documenti e nei cataloghi anche alcuni nomi generici da ufficio tecnico di ricerca e sviluppo, come Studio Newlamp e Studio Uno, probabilmente per rappresentare un progetto di gruppo interno e per rendere più eterogenea e articolata la partecipazione al catalogo. Alcune lampade sono firmate anche da una fantomatica Ingrid Hjalmarson, di cui non si hanno notizie e riscontri, ma per cui si ipotizza essere un *alter ego* di Vento, pensato come altisonante ed esotico, avanguardistico e sensibile se pensiamo alla tematica di genere contemporanea e soprattutto adatto ad attrarre le attenzioni di un mercato internazionale. In fondo, lo stesso Mario veniva chiamato Rodolfo dagli amici, e il fratello Gianni era detto Nino, in una tradizione popolare del nomignolo e del soprannome che animava i rapporti sociali in quei tempi. Si ricorda che anche il famosissimo Joe Colombo in realtà usava uno pseudonimo in vece di Cesare, suo vero nome. Era un modo intelligente e innovativo per interpretare vari personaggi e personalità, per vestire tante maschere con nuovi

leading them to conceive many unpretentious yet stunning designer items that immediately became popular thanks to the close relationship with what he delightfully described as "artigiani ferraioli" (artisan blacksmiths).

Other designers that collaborated with Newlamp were Riccardo Meli, a Sicilian painter and visual artist who, like many others at the time, attempted to engage with and explore design, as well as Giuseppe Ravasio (the owner of a furniture store in Rome called "Design 2000") and Rinaldo Cutini, whose traces are still being searched for, to give these pseudonyms a face, a profession and therefore references. Generic R&D office names also appear in the documents and catalogues, such as Studio Newlamp and Studio Uno, probably to represent an internal group project and to make the catalogue more diverse and varied. Some lamps also bear the sign of

a fictitious Ingrid Hjalmarson. There is no information or feedback about her, but it is speculated that she was another alter ego of Vento, avant-garde and sensitive if we think about contemporary gender issues and above all suitable in attracting the attention of an international market. Indeed, Mario himself was called "Rodolfo" by his friends, and his brother Gianni was known as "Nino", following a popular tradition of nicknames and aliases that characterised social relations in those days. It is worth noting that even the famous Joe Colombo used a pseudonym in place of his real name, Cesare. It was a clever and innovative way of interpreting various characters and personalities, to wear many masks with new catchy and attractive and promising names.

Speaking of the "right" names, even those given to the lamps are not random, but

perfectly evocative of a specific idea that, overall, encapsulates the company's approach. The titles given to these design works refer scenarios, visions, and intentions using "abstract" terms – metaphorical and allusive, phenomenal, and environmental such as 2001, Acrilica, Alba, Azimut, Drop, Luna, Meridiana, Morgana, Quanta, Quasar, Radar, Riflessa, Satellite, Shine, Spaziale, Teorema; or "concrete" terms – typological and formal, geometric, and design-oriented such as Ascissa, Asta, Convessa, Dedalo, Labirinto, Modulo, Obelisco, Periscopio, Programma, Scultura, Sintesi, Slides, Spirale, Telescopio, Totem, Vertice, Ziggurat. Looking at these products, one wonders whether it is correct to speak of simple lamps, or more properly of something that goes beyond their main functions, use, and aesthetics. Sometimes these functions overlap, resulting in undefinable objects rich in new meanings.

Ultimately, and from the very beginning, these objects were not conceived just to be lamps, but to "illuminate" like all the best light design projects, thus with an "unintentional" (in the sense of a certain unprecedented and talented artistic spontaneity), far beyond their specific and technical function.

nomi accattivanti e attraenti, e forse promettenti.

A proposito di denominazioni 'giuste', anche i nomi dati alle lampade non sono casuali ma perfettamente evocativi di un'idea determinata che nell'insieme dimostrano un orizzonte molto chiaro. I titoli dati a queste opere di design rimandano a scenari, visioni e intenzioni usando termini 'astratti' – metaforici e allusivi, fenomenici e ambientali – come: 2001, Acrilica, Alba, Azimut, Drop, Luna, Meridiana, Morgana, Quanta, Quasar, Radar, Riflessa, Satellite, Shine, Spaziale, Teorema; oppure termini 'concreti' – tipologici e formali, geometrici e progettuali – quali Ascissa, Asta, Convessa, Dedalo, Labirinto, Modulo, Obelisco, Periscopio, Programma, Scultura, Sintesi, Slides, Spirale, Telescopio, Totem, Vertice, Ziggurat. Guardando questi prodotti, ci si chiede se sia corretto parlare di semplici lampade, oppure più propriamente di qualcosa che ne travalica le funzioni primarie, funzione d'uso e funzione estetica. A volte queste funzioni si sovrappongono e si hanno degli oggetti indefinibili, ricchi di nuovi significati.

In fondo, fin dal principio, questi oggetti non sono stati realizzati solo per fare lampade, ma per 'fare luce' come tutti i progetti migliori di light design, quindi con un'intenzione 'involontaria' (nel senso di una certa inedita e talentuosa spontaneità artistica), ben oltre la funzione specifica e tecnica.

La lampada è un oggetto quasi primordiale della progettazione di prodotto ed è sicuramente quello con più forti caratteristiche espressive potenziali. È l'oggetto con una maggiore attitudine artistica perché al buio una luce è una luce, e rischiara comunque l'ambiente; quindi, bisogna trovargli dei nuovi significati per renderlo originale. Ha inoltre molte altre peculiarità ed ecco il perché di una notevole componente artistica di solito rintracciabile negli oggetti illuminanti. Mentre le lampade fanno luce per uno scopo, per una funzione d'uso o per utilizzare e valorizzare una fonte illuminotecnica, le sculture luminose fanno luce per una funzione estetica, e pertanto queste opere sono definibili meglio come 'presenze luminose'. D'altronde, spesso, una lampada la si individua, distingue e definisce solo per la presenza di un filo elettrico e di un interruttore. Non si dimentichino le incredibili sontuosità degli antichi lampadari, per esempio del periodo Art Nouveau, che non emettevano certo una luce funzionale, ma dove il quoziente ornamentale faceva 'ombra' a quello illuminante[6].

Quelle di Newlamp, non a caso, non sono lampade riducibili a una tipologia; non sono, come si dice, da tavolo, da terra, da parete o da soffitto, ma sono lumi ambientali che trovano ogni volta un rapporto nuovo con lo spazio e con gli altri elementi dell'architettura degli interni, dove la luce diventa punto focale e dinamico dell'ambiente. Sulle riviste dell'epoca, facendo più volte riferimento alla collezione di Newlamp, si parla esplicitamente di "Quadri di luce"[7] o dell'applicazione nella "Luce d'ambiente"[8]. È forse una descrizione che introduce un'attitudine meno funzionale, ma che evoca di certo una presenza molto più coinvolgente, avendo queste opere bisogno di spazio per esprimersi e per essere apprezzate. Nel catalogo proposto le tipologie dell'applique verticale e dell'appoggio orizzontale verticale, come una pittura o una scultura appunto, sono le soluzioni distributive più utilizzate, evitando la sospensione (tranne in un caso) troppo simile al tipo più utilizzato dei tradizionali lampadari.

Lampade "anomale" le chiamava Gillo Dorfles[9], fuori dal comune, lontane dalla

Pagine del depliant
pubblicitario, estratto
dalla rivista "Arredorama",
gennaio-febbraio 1971
Pages of advertising leaflet,
taken from the magazine
Arredorama, January–
February 1971

quadri di luce

estratto dalla rivista
arredorama
n° 6. gennaio/febbraio 1971

The lamp is an almost primordial designer item and certainly the one with the strongest expressive potential. It is the most "artistic" object as in the dark, light is light, and it illuminates the environment regardless; thus, it must take on new meanings to be original. It has many other characteristics and that is why there is a considerable artistic component usually found in light fittings. Whereas lamps provide light for a specific purpose, or to use and enhance a lighting source, sculptural lamps make light for aesthetic reasons, and thus these pieces are best defined as "luminous presences". After all, a lamp is often identified, distinguished and defined only by the presence of an electric wire and a switch. Let us not forget the incredible sumptuousness of the old chandeliers, for example from the Art Nouveau period, which certainly did not provide functional light, but where the ornamental value overshadowed the illumination.[6]

It is no coincidence that Newlamp's products cannot be labelled as table, floor, wall, or ceiling lamps. Aside from the usual typologies, they can be defined as ambient lights that dynamically interact with the environment and other elements of the interior design, stealing the show. In the magazines of the time,

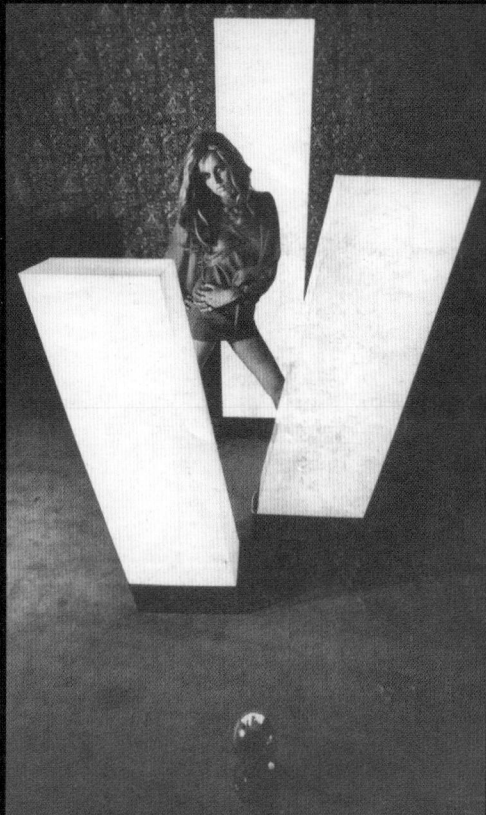

MOSTRA DI LAMPADE
NELLA COMUNICAZIONE VISIVA

norma, e anche Gianfranco Fini indica le sue lampade come di "produzione anomala"[10]. Quando si parla di 'anomalia' creativa per un tipo di produzione, di solito ci si può trovare di buon diritto in quell'area indefinita e indefinibile che sta tra il design e l'arte, luogo ideale per costituire nuovi strumenti estetici che a volte attraverso la provocazione animano il dibattito e cambiano le traiettorie della società. Mentre il design prova a chiudere i problemi, l'arte tende ad aprirli, e nel caso della luce, un artista può, come dice Andrea Branzi, "prefigurare attraverso le lampade, altre metafore e altri universi"[11]. Facendo riferimento alla storia dell'arte visiva, e alle sue opere, nelle cose 'da vedere' la luce è il fenomeno

più significativo che molti artisti hanno indagato nell'ultimo secolo (ma si potrebbe dire fin dall'Impressionismo o addirittura andando indietro fino alle pitture rupestri nel buio delle grotte illuminate dalle fiaccole), e non è certo un caso che oggi le opere come quelle di Newlamp si siano trovate a essere invendute nei negozi, ma siano finite per essere celebrate nelle collezioni private e ammirate nelle raccolte dei musei pubblici. Le luci e i fenomeni luminosi in genere sono naturalmente legate "a certe ambiguità dell'arte, con forme intrise di stupore e d'incanto"[12]. Ogni volta che nel design si sviluppano oggetti (anche funzionali) di ricerca, si usa un'attitudine artistica per indagare

i potenziali e i risultati, che sono più assimilabili a prototipi o modelli, o al limite a serie diversificate piuttosto che a serie standardizzabili e industriali.

In un contesto in cui il design dell'arredo è sempre più maturo e completo, con un Salone del Mobile che dal 1961 rilevava le tendenze e dettava gli orientamenti, l'oggetto decorativo, e in alcuni casi l'oggetto d'arte, rientravano in gioco non più come pezzi unici ma come multipli artistici, perfetti complementari originali all'arredo seriale domestico. Numerosissime erano le aziende del settore della luce che partecipavano ai Saloni del Mobile e che si trovano pubblicate sulle riviste dell'epoca, nomi di impressionante quantità e interessante qualità che ritornavano spesso e che tracciavano una complessa rete di rapporti e di progetti, che oggi non esistono più. Imprese come Arrelam, Bilumen, Candle, Diner, Ill Form, Leucos, Luci, Lumenform, Prisma, Sirrah, Poliarte, Studioluce concorrevano con Newlamp nella definizione di un nuovo panorama dall'orizzonte allargato di prodotti luminosi per la casa. Tra queste realtà, tutte svanite, alcune hanno invece lasciato un patrimonio importante di oggetti e documenti, come Arteluce di Gino Sarfatti[13], Arredoluce di Angelo Lelii[14] e Stilnovo di Bruno

that often featured the Newlamp collection, there is explicit mention of "Light paintings"[7] or their use as "Ambient light".[8] Perhaps this description did no justice to their function, but certainly evoked a much more engaging presence, as these lamps needed space to express themselves and to be appreciated. In the catalogue proposed the types of vertical wall lamp and horizontal support, like a painting or a sculpture, are the most common configurations, while suspension, which is too similar to traditional and widespread chandeliers, is avoided (except for one case).

Gillo Dorfles called them "anomalous"[9] lamps – out of the ordinary, far from the norm – and even Gianfranco Fini refers to his lamps as "anomalous products".[10] When speaking of a creative "anomaly" for a type of product, one usually (and rightfully) finds oneself in that undefined area fluctuating between design and art, an ideal place to experiment with new aesthetic tools that sometimes, through provocation, prompt debate on topical issues and change the trajectories of society. While design attempts to solve problems, art tends to raise questions, and in the case of light, an artist can "prefigure, through lamps, other

la STiLB è lieta di invitarla
il giorno 26 maggio
alle ore 21,
alla inaugurazione della
rassegna di forme luminose
prodotte dalla
NEW LAMP

STiLB

**DECORAZIONE DI INTERNI
VIA AL COLLEGIO
MARIA LUIGIA N. 17
PARMA - TEL. 34.920**

Articolo *Il corpo della luce*
in "Interni", luglio 1971, in cui
compaiono i modelli Azimut,
Luna, Cesca, Ascissa e Drop 6
Article "Il corpo della luce"
in *Interni*, July 1971,
in which Azimut, Luna, Cesca,
Ascissa and Drop 6 appear

IL CORPO DELLA LUCE

Sopra e a destra: imponentissima e luminosa, anche quando è spenta, la lampada « Azimuth », disegnata da Cocchia e Fini.

Nella pagina accanto, a sinistra, in alto: la « Luna », disegnata da Cutini, è realizzata in acciaio e può essere usata anche come sospensione. Il diametro può essere di cm. 60, 50 o 20. In quel caso possono essere accostate più lampade.

Sopra: disegnata da Cocchia e Fini, la « Cesca », usa una lampada da tavolo con la base in perspex.

In alto: un'altra lampada da tavolo che è quasi una scultura. Disegnata da Cocchia e Fini, si chiama « Ascissa ».

In basso: una piccola lampada che si può facilment introdurre in ogni casa. Si chiama « Drop » ed è anch'essa di Cocchia e Fini, prodotta dalla New Lam, come tutte le altre lampade di queste due pagine.

Gatta[15]. Pochi invece i marchi che hanno resistito e che ancora oggi riescono a innovare (ma queste sono altre grandi e lunghe storie da tenere osservate e aggiornate) che riguardano nomi come Fontana Arte, O-Luce, Kartell, Flos e Artemide.

Provando ora a tracciare velocemente i margini frastagliati di quel periodo storico in cui Newlamp si accese, tra il 1969 e il 1973, ci si trova in quell'arco di tempo ristretto che nel design viene chiamato 'radicale', dove idee, autori e oggetti facevano spesso acrobazie, avvitando il senso del tempo, rendendolo vorticoso, avventuroso, accelerato. Gli anni radicali, erano anni di protesta giovanile, di rivoluzioni culturali e, tra design e antidesign, si ritrova l'arte, che spesso veniva semplicemente estroflessa mostrando direttamente intenzioni non codificabili convenzionalmente. Tipologicamente parlando, le lampade, meglio di tavoli, sedie, armadi e altri arredi o complementi, davano possibilità espressive rivoluzionarie, tanto che questo grande fermento produsse oggetti fuori dall'ordinario che hanno segnato un nuovo passo: erano "oggetti a funzionamento poetico per uscire dall'orrido del quotidiano"[16], come definivano i loro lavori i giovani membri di Superstudio, primigenio gruppo di design radicale fiorentino.

Un'altra condizione contingente che sicuramente influenzò questo spirito visionario nella conformazione di oggetti luminosi fu la cronaca che lungo tutti gli anni sessanta preparò il pubblico alle nuove straordinarie e preannunciate missioni spaziali e relative scoperte astronomiche. Erano gli anni della cosiddetta *Space Age*, anticipata dalla *Science Fiction*, con le prime avventure reali alla conquista dello spazio siderale, quello spazio infinito, buio dove le stelle (*sideris*) sono l'unica cosa visibile. È quindi normale, o per meglio dire naturale, che la lampada incarnasse la tipologia più acclamata, in cui la luce veniva trasformata, interpretata, ridisegnata, con una 'esplosione' di nuovi oggetti e opere che la celebravano. Anche l'oggetto sicuramente più famoso, ancora

metaphors and other universes",[11] says Andrea Branzi. Speaking of the history of visual art and its outcomes, in the realm of "visible things", light is the most significant phenomenon that many artists have investigated in the last century (but one could say since Impressionism). It is certainly no coincidence that pieces such as those by Newlamp have found themselves unsold in shops but are now celebrated in private collections and admired in public museum collections. Lights and luminous phenomena in general are naturally linked to "certain ambiguities of art, with forms imbued with wonder and enchantment".[12] Whenever experimental objects (including functional ones) are developed in the design industry, an artistic approach is used to investigate their potentials and results, which are more akin to prototypes, models, or limited editions than mass-produced items.

In a context where furniture design was increasingly self-conscious and comprehensive – and promoted by the Salone del Mobile, that since 1961 had been observing and setting trends – decorative objects, or rather works of art, from unique pieces turned into collections of designer items, original series of accessories for the home.

Numerous companies in the lighting industry participated in the Salone del Mobile and were frequently featured in the magazines of the time; those firms, characterised by impressive quantity and interesting quality, became very popular and established a complex network of relationships which no longer exist today, together with the projects they launched. Companies such as Arrelam, Bilumen, Candle, Diner, Ill Form, Leucos, Luci, Lumenform, Prisma, Sirrah, Poliarte, and Studioluce competed with Newlamp in setting new standards for domestic lighting. Some of these companies, which no longer exist, have left an important wealth of objects and documents, such as Gino Sarfatti's Arteluce,[13] Angelo Lelii's Arredoluce,[14] and Bruno Gatta's Stilnovo.[15] Few brands, such as Fontana Arte, O-Luce, Kartell, Flos, and Artemide, have instead survived and still manage to innovate the industry, but their (stunning and great) stories will be told elsewhere.

Now, the complex historical period in which Newlamp emerged, between 1969 and 1973, can be defined with an umbrella-term, i.e. "radical". Back in those days, ideas, designers, and objects used to twist the sense of time, making it whirlwind, adventurous, and accelerated.

Amidst youth protest and cultural revolutions, between design and anti-design, one finds art, which was often bold, shameless, showing intentions that could not be conventionally codified. Typologically speaking, lamps, more than tables, chairs, wardrobes and other furnishings or accessories, offered revolutionary expressive possibilities, so much so that this great ferment produced out-of-the-ordinary objects that paved a new way for designers. They were "objects with a poetic function to escape from the horror of everyday life",[16] as the young members of Superstudio, a pioneering group of radical designers from Florence, defined their work.

Another circumstance that certainly influenced this visionary approach towards lamps was the news that throughout the 1960s prepared the public for the extraordinary and highly anticipated space missions, followed by great astronomical discoveries. Indeed, this was the so-called Space Age, captured by Science Fiction, that is, films centred on adventures in outer space, that infinite dark, sidereal space where the stars (sideris) are the only visible thing. So, quite obviously, lamps embodied the most acclaimed movie

oggi prodotto, la celeberrima lampada Eclisse di Vico Magistretti prodotta da Artemide dal 1965, segnava la fine di un certo 'bel design' in cui dominava l'equilibrio tra forma e funzione, e apriva una nuova era influenzata da stimoli Pop, che figuravano forme allusive date dalle influenze dell'informazione delle scoperte astronomiche e dalla cronaca di quelle missioni extraterrestri. Tutto l'immaginario progettuale ne subì il fascino e l'influenza, tanto che spesso questi oggetti 'spaziali', oltre al loro mercato principale destinato alla domesticità, venivano noleggiati come oggetti di scena per le produzioni televisive o cinematografiche[17], cosa che avveniva anche e soprattutto a Roma per il suo legame con il grande cinema prodotto a Cinecittà. Erano anche gli anni del celebre saggio situazionista di Guy Debord, *La società dello spettacolo*[18], in cui lo 'spettacolo' è inteso come un insieme di nuovi rapporti sociali sempre più mediati da immagini, in cui possono comparire oggetti spettacolari come quelli in questione.

Un ultimo esempio utile per capire meglio lo spirito del tempo si ritrova tra le pagine della rivista "Domus"[19], tra le cui righe, nel 1969, lo stand di Cassina progettato da Gaetano Pesce per il Salone del Mobile veniva presentato quasi come un nightclub,

dove si proponevano nuovi prodotti che avevano sembianze di "fantasmagorie psichedeliche"[20] forse apparentemente più adatte ai nuovi movimentati locali notturni che a un tradizionale clima domestico serale. La fine anni degli anni sessanta segna un'ulteriore svolta nella definizione spaziale e informale degli interni, con progetti di nuove e avveniristiche discoteche che stimolarono gli sviluppi di nuove 'presenze luminose' nella vita di intrattenimento giovanile e le resero quindi desiderabili anche per le abitazioni delle nuove generazioni. Due i progetti anticipatori per il nostro Paese che divennero celebri proprio per queste nuove atmosfere luminose tra arte e design: il piccolo night club Il Grifoncino, presso l'Hotel Greif di Bolzano, realizzato nel 1968 da Cesare Casati ed Emanuele Ponzio con Gino Marotta[21], e la discoteca Number One[22] di Milano, progettata da Filippo Panseca nel 1969.

In conclusione, la storia di Newlamp rappresenta alla perfezione la ricchezza e la complessità del panorama che ha fatto del design italiano un simbolo apprezzato in tutto il mondo. Siamo seduti su una 'miniera d'oro', fatta di storie e di archivi con materiali rari e ancora poco conosciuti. I giacimenti del design italiano sono ricchissimi di materie preziose che

riempiono musei, gallerie, collezioni o semplici case, e a volte si trova una nuova traccia, una pepita che porta a un filone, e si scopre un nuovo tesoro. Questo è sicuramente il caso di Newlamp, che in meno di cinque anni di produzione, praticamente un lustro, ha dato vita a questa avventura che è stata come un corpo celeste che ha attraversato il cielo del design senza però lasciare segno, se non tracce di memoria con alcuni preziosi frammenti che testimoniano il suo luminoso passaggio alle nostre latitudini. La giusta metafora utilizzabile (che però è anche pura astrofisica) è quella della stella ormai spenta che continua a emettere ancora luce per anni (anni luce, appunto) vista la distanza raggiunta dalla sua portata iniziale. Newlamp ha vissuto la sua breve vita come un lampo, ma oggi i suoi prodotti sono ancora comete da seguire.

Grazie a Paolo Borromeo d'Adda che con le sue ricerche appassionate e avventurose ha dato ufficialmente dei volti ai personaggi di questa storia, una cornice a un paesaggio complesso e una continuità a degli episodi sporadici che hanno spesso attirato l'attenzione di alcuni storici, che nel buio di un passato prossimo cercano sempre scintille di un futuro remoto.

genre of the time, where light was transformed, interpreted, and redesigned, with an "explosion" of new objects and works paying tribute to it. Even the most famous piece in catalogue – the celebrated Eclisse lamp by Vico Magistretti, manufactured by Artemide since 1965 and still in production today – marked the end of that "eye-pleasing design" distinguished by the balance between form and function, and opened a new era influenced by Pop Art, featuring allusive forms from the world of information on astronomical discoveries and from the news of those extraterrestrial missions. The entire design imaginary was fascinated and inspired by them, so much so that these "Space Age" objects, besides their primary market for domestic use, were often rented as props for television or film productions,[17] especially in Rome due to its connection with Cinecittà. These were also the years of Guy Debord's famous situationist essay, "The Society of the Spectacle",[18] in which the "spectacle" is understood as a set of new social relations increasingly mediated by images, where spectacular objects like those in question could appear.

Finally, a useful example to better understand the spirit of the times can be found in the pages of the magazine

Domus[19] between whose lines, in 1969, the Cassina stand designed by Gaetano Pesce for the Salone del Mobile was presented as almost a nightclub, showcasing new products that resembled "psychedelic phantasmagorias",[20] perhaps more suitable for the new lively nightclubs than for a traditional evening domestic atmosphere. The late 1960s marked a further turning point in the spatial and informal definition of interiors, with projects for innovative, futuristic discotheques that spurred the development of new "luminous presences" in youthful entertainment, thus making them desirable for the homes of the younger generation as well. Two pioneering Italian projects, that became famous precisely for these new luminous atmospheres between art and design, were the small nightclub "Il Grifoncino" at the Hotel Greif in Bolzano, built in 1968 by Cesare Casati and Emanuele Ponzio with Gino Marotta,[21] and the "Number One" disco[22] in Milan, designed by Filippo Panseca in 1969.

In conclusion, the story of Newlamp perfectly embodies the complex and multi-faceted period that has made Italian design a globally appreciated symbol. We are sitting on a "gold mine", made up of stories and archives of rare

and still little-known materials; the "deposits" of Italian design are rich in unique pieces that populate museums, galleries, collections, or simple homes, and sometimes a new trace is found, a nugget that leads to a seam of gold, and a new treasure is discovered. This is certainly the case with Newlamp, which in less than five years gave life to this exceptional adventure that, like a meteor, crossed the sky of design without leaving a mark, except for some precious memories and fragments that testify to its luminous passage to our latitudes. However, the most appropriate (and purely astrophysical) metaphor for Newlamp is that of the dead star that still emits light for years given its distance and initial brightness. Newlamp lived its short life as a flash, but today its products are still guiding stars.

I would like to extend my gratitude to Paolo Borromeo d'Adda: with his passionate and somewhat adventurous research, he has officially given faces to the characters in this story, a frame to a complex picture, and continuity to sporadic episodes that have often attracted the attention of some historians who, in the darkness of the recent past, have always sought sparks of the distant future.

1 Dall'intervista di Paolo Borromeo d'Adda a Sonia C. Vento.
2 Dall'intervista di Paolo Borromeo d'Adda a Umberto Eusepi.
3 G. Fini, in "Forme Moderne. Rivista di storia delle arti applicate e del design italiano del XX e XXI secolo", 1/09, gennaio 2009, p. 48.
4 Un riferimento dichiarato è il lavoro di Julio Le Parc, come ricorda lo stesso Fini nell'intervista riportata in questo volume.
5 Fini, in "Forme Moderne. Rivista di storia delle arti applicate e del design italiano del XX e XXI secolo" cit., p. 52.
6 G. Dorfles, *Lampade anomale*, in F. Ferrari, N. Ferrari, *Luce. Lampade 1968-1973: il nuovo design italiano*, Umberto Allemandi & C., Torino 2002, p. 10.
7 "Arredorama", gennaio-febbraio 1971.
8 "Arredorama", marzo-aprile 1971.
9 Dorfles, *Lampade anomale* cit., pp. 10-12.
10 Fini, in "Forme Moderne. Rivista di storia delle arti applicate e del design italiano del XX e XXI secolo" cit., p. 48.
11 A. Branzi, *Le luci che cambiano*, in Ferrari, Ferrari, *Luce. Lampade 1968-1973* cit., p. 14.
12 Sergio Camilli, fondatore di Poltronova, in Ferrari, Ferrari, *Luce. Lampade 1968-1973* cit., p. 102.
13 *Gino Sarfatti. Opere scelte 1938-1973*, a cura di M. Romanelli, S. Severi, Silvana Editoriale, Cinisello Balsamo 2012.
14 *Arredoluce. Catalogo ragionato 1943-1987*, a cura di A. Pansera, A. Padoan, A. Palmaghini, Silvana Editoriale, Cinisello Balsamo 2018.
15 *Stilnovo*, a cura di D.G. Carugati, Electa, Milano 2013.
16 C. de Gara, *Nel 1968 l'architettura radicale era Firenze*, in Ferrari, Ferrari, *Luce. Lampade 1968-1973* cit., p. 18.
17 La lampada Riflessa è presente nel film di fantascienza *2022: i sopravvissuti (Soylent Green)* del 1973, diretto da Richard Fleischer, con Charlton Heston.
18 G. Debord, *La società dello spettacolo*, De Donato, Bari 1968.
19 "Domus", 480, novembre 1969, p. 9.
20 I. Vercelloni, *1970-1980. Dal design al post design. I migliori mobili, le lampade più belle degli ultimi dieci anni*, Condé Nast, Milano 1980, p. 1.
21 *Lightopia*, a cura di M. Kries, J. Kugler, Vitra Design Museum, Weil am Rhein 2013, vol. 3, p. 124.
22 M. Pirola, *Filippo Panseca. Artiere e Designer*, in F. Panseca, *Forme a futura memoria*, a cura di A. Bonito Oliva, V. Catricalà, ADI Design Museum Publisher, Milano 2023, pp. 70-93.

1 See Paolo Borromeo d'Adda's interview with Sonia C. Vento.
2 See Paolo Borromeo d'Adda's interview with Umberto Eusepi.
3 G. Fini, in *Forme Moderne. Rivista di storia delle arti applicate e del design italiano del XX e XXI secolo*. No. 1/09, January 2009, Edizioni Iuno, Rome, p. 48.
4 J. Le Parc's artworks clearly inspired Newlamp, as Fini himself recalls in the interview published in this book.
5 G. Fini, in *Forme Moderne. Rivista di storia delle arti applicate e del design italiano del XX e XXI secolo*. No. 1/09, January 2009, Edizioni Iuno, Rome, p. 52.
6 G. Dorfles, "Lampade anomale", in *Fulvio Ferrari and Napoleone Ferrari, Luce. Lampade 1968 – 1973: il nuovo design italiano*, Umberto Allemandi e C., Turin 2002, p. 10.
7 *Arredorama*, January/February 1971.
8 *Arredorama*, March/April 1971.
9 G. Dorfles, "Lampade anomale", in F. Ferrari and N. Ferrari, *Luce. Lampade 1968 – 1973: il nuovo design italiano*, Umberto Allemandi e C., Turin 2002, pp. 10-12.
10 G. Fini, in *Forme Moderne. Rivista di storia delle arti applicate e del design italiano del XX e XXI secolo*. No. 1/09, January 2009, Edizioni Iuno, Rome, p. 48.
11 A. Branzi, "Le luci che cambiano", in F. Ferrari and N. Ferrari, *Luce. Lampade 1968 – 1973: il nuovo design italiano*, Umberto Allemandi e C., Turin 2002, p. 14.
12 Sergio Camilli, founder of Poltronova, in F. Ferrari and N. Ferrari, *Luce. Lampade 1968 – 1973: il nuovo design italiano*, Umberto Allemandi e C., Turin 2002, p. 102.
13 *Gino Sarfatti. Opere scelte 1938-1973*, edited by M. Romanelli and S. Severi, Silvana Editoriale, Cinisello Balsamo 2012.
14 *Arredoluce. Catalogo ragionato 1943-1987*, edited by A. Pansera, A. Padoan, A. Palmaghini, Silvana Editoriale, Cinisello Balsamo 2018.
15 *Stilnovo*, edited by D.G. Carugati, published by Mondadori Electa, Milan 2013.
16 C. de Gara, "In 1968, radical architecture *was* Florence", in F. Ferrari and N. Ferrari, *Luce. Lampade 1968 - 1973: il nuovo design italiano*, Umberto Allemandi e C., Turin 2002, p. 18.
17 The Riflessa lamp is featured in the 1973 science fiction film "Soylent Green", directed by Richard Fleischer, starring Charlton Heston.
18 G. Debord, *La società dello spettacolo* (1967), De Donato, Bari 1968.
19 *Domus* No. 480, November 1969, p. 9.
20 I. Vercelloni, 1970-1980. *Dal design al post design. I migliori mobili, le lampade più belle degli ultimi dieci anni,* Condé Nast, Milan 1980, p. 1.
21 *Lightopia*, edited by M. Kries, J. Kugler, Vitra Design Museum, Weil am Rhein 2013, Vol. 3, p. 124.
22 M. Pirola, "Filippo Panseca. Artiere e Designer", in *Filippo Panseca. Forme a futura Memoria*, edited by A. Bonito Oliva and V. Catricalà, ADI Design Museum Publisher, Milan 2023, pp. 70-93.

Le fotografie delle lampade (alcune d'archivio o ricavate da pubblicazioni dell'epoca, non essendo più rintracciabili gli originali) sono accompagnate da vari documenti grafici appartenenti all'Associazione Culturale Archivio Newlamp, donati dalla moglie di Mario Vento, Sonia: dai provini fotografici, ai due fogli con i disegni a matita di Mario Vento, ai disegni a china.

I prezzi dell'epoca delle lampade sono ricavati da varie fonti: principalmente dal catalogo pubblicato nel 1970 e dalle annotazioni sui disegni di Mario Vento. Il listino prezzi è aggiornato all'approssimazione del valore attuale tramite convertitore di valuta storica (calcolatore di inflazione ISTAT - Istituto Nazionale Italiano di Statistica).
Si cercherà dunque di indicare, tramite la differenza di potere d'acquisto tra la data del 2024 e la data del 1970, il valore dell'epoca di ciascuna opera luminosa prodotta da Newlamp.

The photographs of the lamps (some from the archives or publications of the time, as the original pictures are no longer available) are accompanied by various images from the Cultural Association Archivio Newlamp donated by Mario Vento's wife, Sonia. These include photographic proofs, two sheets with Mario Vento's pencil drawings, and the ink drawings.

The original prices of the lamps are derived from various sources, but mainly from the catalogue published in 1970 and the notes on Mario Vento's sketches. The price list is updated to estimate the current value of each piece through a historical currency converter (ISTAT – Italian National Institute of Statistics inflation calculator).
An attempt was thus made to indicate, through the difference in purchasing power between 2024 and 1970, the original price of each lighting product made by Newlamp.

Sculture luminose

Lighting Sculptures

Scheda azienda / Company Profile

Mario Vento detto **Rodolfo**
(Roma, 28 dicembre 1930 – 4 agosto 1994)
Fondatore, produttore e designer anche con lo pseudonimo
di Ingrid Hjalmarson o Hsalmarson, Studio Newlamp,
Studio Uno

Staff
Gianni Vento
Fratello di Mario, fotografo e rappresentante per l'Italia
e l'estero

Umberto Eusepi
Migliore amico di Mario dall'infanzia e rappresentante
per Roma e provincia

Luciano Napoleoni
Capofficina, artigiano del plexiglas e del legno;
da lui è passato ogni prototipo ed esemplare prodotto
da Newlamp anche dopo la chiusura dell'azienda

Sig. Ciotti di Pavona
Aiuto elettricista

Dino Vueric
Operaio factotum e capo elettricista

Sonia C. Vento
Compagna di Mario per ventisei anni, responsabile delle vendite
e segreteria

Designer
Fabrizio Cocchia e **Gianfranco Fini**
Designer, hanno progettato la maggior parte delle sculture
luminose anche in collaborazione con Mario Vento

Giuseppe Ravasio
Designer (Modulo e G 999)

Gianni Colombo
Designer (Teorema e Sintesi)

Riccardo Meli
Designer (Scultura)

Rinaldo Cutini
Designer (Luna)

Mario Vento, known as **Rodolfo**
(Rome, 28 December 1930 – 4 August 1994)
founder, producer and designer (also under the pseudonym Ingrid Hjalmarson or Hsalmarson), Studio Newlamp, Studio Uno

Staff
Gianni Vento
Mario's brother, photographer and agent for Italy and abroad

Umberto Eusepi
Mario's best friend since childhood and agent for Rome and its province

Luciano Napoleoni
Workshop manager and Plexiglas and wood craftsman; he has overseen every prototype and model produced by Newlamp, even after the company's failure

Mr. Ciotti di Pavona
Electrician helper

Dino Vueric
All-around labourer and head electrician

Sonia C. Vento
Mario's life partner of 26 years, head of sales and secretary

Designers
Fabrizio Cocchia and **Gianfranco Fini**
Designers, they worked on most of the company's light sculptures, also in collaboration with Mario Vento

Giuseppe Ravasio
Designer (Modulo and G 999)

Gianni Colombo,
Designer (Teorema and Sintesi)

Riccardo Meli
Designer (Scultura)

Rinaldo Cutini
Designer (Luna)

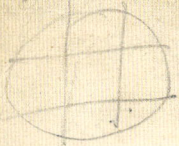

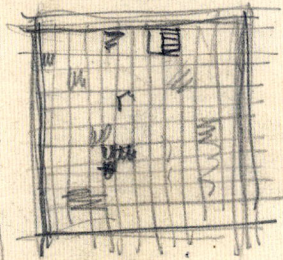
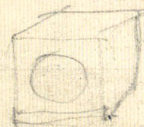
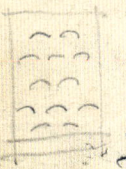
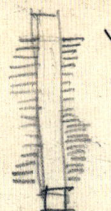

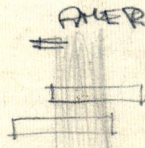

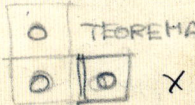
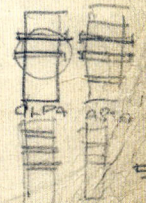

Disegni a matita a cura di Mario Vento in collaborazione con il fratello Gianni e Gianfranco Fini, 1970
Pencil drawings by Mario Vento in collaboration with his brother Gianni and Gianfranco Fini, 1970

dis. CUDINI

MOON
(LUNA)

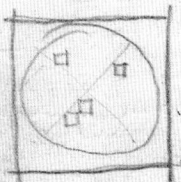

Ø 50 terra ecc. 72000

Ø 60 sosp. fuga 72000
nero

Ø 20 acciaio 18000

2001

240'000
H 60
colori

St. cuus

ZIGGURAT

76000
H=60

F. COCCHIA

CONVESSA

34 H
acciaio 148000
FERRO b/u 84000
dis.
COCCHIA
FINI

RIFLESSA
80×90
190'000
acciaio

FINI

DROP

 4 12×10 16000

3 lu H/3 22000

2 16000

1 16000
COCCHIA
FINI

PESCA

42×30×H43
152000

COCCHIA
FINI

LABIRINTO

H 152
926
COCCHIA
FINI
96000

nera/bianco bio-su

OBELISCO
H=130 Ø36~

152000 COCCHIA FINI

QUANTA

80×90

2 10'000

FINI

AZIMUT

H=183
ø=23
160'000
COCCHIA
FINI

MERIDIANA

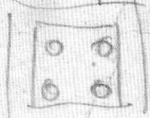

H=30

48000

cocchia cocchie fini

(componibile)

orbita 32
38000

DEDALO
80×80
130'000
Luce Wood
Studio Blue

SCREEN
30×30

130000
acciaio

90'000
tono b/n

COCCHIA FINI

4951259
NEW LAMP

26.V. ETRUSCHI

00185 ROMA

GIANNI VENTO
V. della luce 13
ROMA
06 589060.—

2001

Una struttura cava su due lati opposti, a forma di parallelepipedo in metallo verniciato nero opaco, ospita a sua volta due prismi in plexiglas che ne completano le parti mancanti.
I grandi prismi multicolore in plexiglas sono ottenuti sovrapponendo diversi perspex di vari colori con incollaggio speciale che non lascia traccia. Si tratta di una delle lampade-scultura più rare che siano state prodotte da Newlamp, frutto di una collaborazione tra Mario Vento e il suo staff. Il risultato dell'opera è un oggetto futuristico dalle linee parallele che, al buio, riflette diverse luci e colori tutt'intorno come se fossero proiezioni. Ogni modello presenta una diversa e unica combinazione di colori degli elementi in plexiglas.
Sulla base della complessità della lavorazione e della realizzazione della parte elettrica, del costo dell'epoca del plexiglas (e quindi dell'elevato prezzo finale), nonché da altre informazioni ricavate dall'Archivio Newlamp, si ritiene che siano stati prodotti al massimo dieci esemplari.

A hollow structure on two opposite sides, in the shape of a parallelepiped made of matt black painted metal, houses in turn two Plexiglas prisms that complete the missing parts. The large, multi-coloured Plexiglas prisms are obtained by overlapping different coloured Perspex elements with special gluing that leaves no trace. This is one of the rarest sculptural lamps ever produced by Newlamp and is the result of a collaboration between Mario Vento and his staff. The work is a futuristic object with parallel lines that in the dark reflects different lights and colours from all around it, as if they were projections. Each model features a different and unique colour combination of the Plexiglas elements.
Based on the complexity of the manufacturing process and production of the electrical system, the cost of the Plexiglas at the time (hence the high final price), as well as other information from the Archivio Newlamp, it is believed that a maximum of ten pieces were produced.

Designer / Designers
Studio Uno (Mario Vento e / and Studio Newlamp)

Anno di produzione / Year of Production
1970-1972

Misure / Dimensions
50 x 24 x 24 cm

Prezzo dell'epoca / Original Price
240.000 lire / 80,00 euro circa

Valore rivalutato / Revalued Historical Price
2228,00 euro

Impianto elettrico / Electrical System
Quattro lampade a neon ad accensione istantanea, montate trasversalmente in parallelo tra loro
Four instant-start neon lamps, mounted transversely in parallel to each other

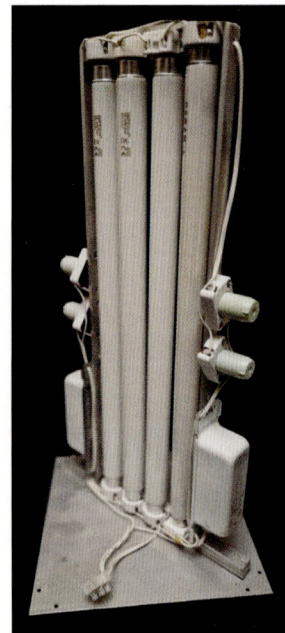

Particolare della complessa struttura interna ancorata alla base e realizzata per potersi inserire di taglio in diagonale al centro della scultura per illuminarla da tutti i lati
Detail of the complex internal structure anchored to the base and made to be able to be inserted diagonally into the center of the sculpture to illuminate it from all sides

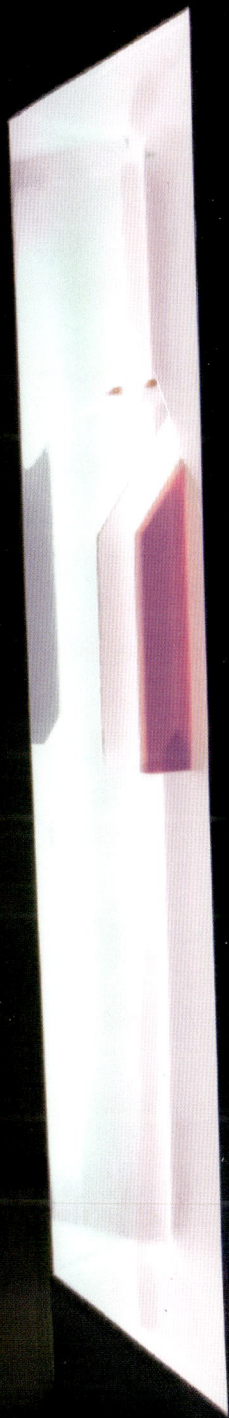

Acrilica

La base è realizzata in plexiglas color ocra e ospita un cappello, anch'esso in plexiglas, ripiegato a forma di cubo dello stesso colore. Sulla base delle informazioni dell'Archivio Newlamp, si ritiene che siano stati prodotti un prototipo e cinque esemplari al massimo. Si tratta di un modello decisamente classico per i primi anni settanta e molto simile alle lampade create da Romeo Rega e altri produttori.

The base is made of ochre-coloured Plexiglas and houses a hat, also made of Plexiglas, folded into the shape of a cube of the same colour. Based on information from the Archivio Newlamp, it is believed that one prototype and a maximum of five pieces were produced. A decidedly classic model for the early 1970s, it is very similar to lamps produced by Romeo Rega and other manufacturers.

Designer / Designers
Mario Vento e / and Studio Newlamp

Anno di produzione / Year of Production
1970-1972

Misure / Dimensions
Sconosciute
Unknown

Prezzo dell'epoca / Original Price
Sconosciuto
Unknown

Valore rivalutato / Revalued Historical Price
Sconosciuto
Unknown

Impianto elettrico / Electrical System
Portalampada E27
E27 lamp holder

Adria

La struttura è composta da cilindri di varia misura in alluminio verniciato nei colori bianco, verde, arancio e blu, ed è intervallata da altri elementi in plexiglas opalescente. La luce si diffonde dall'interno della struttura, creando dei giochi luminosi nell'ambiente circostante.
Sulla base delle informazioni presenti nell'Archivio Newlamp, si ritiene che Adria sia stata prodotta in duecento esemplari al massimo, per la maggior parte nelle versioni grande e media.

The structure consists of cylinders of various sizes made of aluminium painted white, green, orange, and blue, interspersed with other opalescent Plexiglas elements. The light diffuses from inside the structure, creating light effects in the surrounding environment.
Based on information from the Archivio Newlamp, it is believed that Adria was produced in a maximum of two hundred pieces, mostly in the large and medium versions.

Designer / Designers
Ingrid Hjalmarson
(Mario Vento e / and Studio Newlamp)

Anno di produzione / Year of Production
1969-1972

Misure / Dimensions
h 42 cm, Ø 16 cm
(grande / large)
h 34 cm, Ø 10 cm
(media / medium)
h 24 cm, Ø 7 cm
(piccola / small)

Prezzo dell'epoca / Original Price
40.500 lire / 21,00 euro
(grande / large)
24.000 lire / 12,50 euro
(media / medium)
14.000 lire / 7,00 euro
(piccola / small)

Valore rivalutato / Revalued Historical Price
375,00 euro (grande / large)
222,00 euro
(media / medium)
130,00 euro (piccola / small)

Impianto elettrico / Electrical System
Portalampada mignon E14
E14 miniature lamp holder

Alba

Una struttura composta da cilindri di varia misura in alluminio verniciato in bianco, verde, arancio e blu è intervallata da altri elementi in plexiglas opalescente. La luce si irradia dall'interno della struttura creando suggestivi giochi di luce e ombra nell'ambiente circostante. Della variante con abat-jour si ritiene siano stati realizzati non più di trenta-quaranta esemplari.
Sulla base delle informazioni reperite nell'Archivio Newlamp, si ritiene che siano stati eseguiti duecento esemplari al massimo, per la maggior parte nella versione grande e media. Della versione più grande sono stati realizzati pochissimi esemplari con doppio impianto elettrico sia interno sia esterno, tipo abat-jour (non più di trenta pezzi).

The structure consists of cylinders of various sizes made of aluminium painted white, green, orange, and blue, interspersed with other opalescent Plexiglas elements. Light diffuses from inside the structure, creating a play of light and shadow in the surrounding environment. Of the variant with lampshades are believed to have been made no longer of thirty-forty specimens.
Based on information from the Archivio Newlamp, it is believed that a maximum of two hundred pieces were made, mostly in the large and medium versions. Very few pieces of the larger version were made with both internal and external, abat-jour-type double electrics (no more than thirty units).

Designer / Designers
Ingrid Hjalmarson
(Mario Vento e / and Studio Newlamp)

Anno di produzione / Year of Production
1969-1972

Misure / Dimensions
h 42 cm, Ø 16 cm
(grande / large)
h 34 cm, Ø 10 cm
(media / medium)
h 24 cm, Ø 7 cm
(piccola / small)

Prezzo dell'epoca / Original Price
50.000 lire / 25,50 euro
(grande / large)
32.000 lire / 16,50 euro
(media / medium)
15.000 lire / 7,50 euro
(piccola / small)

Valore rivalutato / Revalued Historical Price
465,00 euro (grande / large)
298,00 euro (media / medium)
140,00 euro (piccola / small)

Impianto elettrico / Electrical System
Portalampada mignon E14
da 40 watt
E14 40-watt miniature lamp holder

Doppio impianto elettrico separato, sia ad accensione interna sia ad abat-jour, e speciale interruttore in plexiglas realizzato dal laboratorio Newlamp
Double separate electrical system, both with internal ignition and to lampshade, and special switch in Plexiglas made by the Newlamp laboratory

Alpa

Una struttura composta da cilindri di varie dimensioni in alluminio verniciato in diversi colori è intervallata da altri elementi in plexiglas opalescente. La luce si diffonde dall'interno creando dei giochi di luce e ombra nell'ambiente circostante. Sulla base delle informazioni reperite nell'Archivio Newlamp, si ritiene che siano stati realizzati al massimo duecento esemplari, per la maggior parte nelle versioni grande e media.

The structure consists of cylinders of various sizes made of aluminium painted in different colours, interspersed with other opalescent Plexiglas elements. The light diffuses creating a play of light and shadow in the surrounding environment. Based on information from the Archivio Newlamp, it is believed that a maximum of two hundred pieces were made, mostly in the large and medium versions.

Designer / Designers
Ingrid Hjalmarson
(Mario Vento e / and Studio Newlamp)

**Anno di produzione /
Year of Production**
1969-1972

Misure / Dimensions
h 42 cm, Ø 16 cm
(grande / large)
h 34 cm, Ø 10 cm
(media / medium)
h 24 cm, Ø 7 cm
(piccola / small)

**Prezzo dell'epoca /
Original Price**
50.000 lire / 25,50 euro
(grande / large)
30.000 lire / 16,00 euro
(media / medium)
15.000 lire / 7,50 euro
(piccola / small)

**Valore rivalutato /
Revalued Historical Price**
465,00 euro (grande / large)
298,00 euro
(media / medium)
140,00 euro (piccola / small)

**Impianto elettrico /
Electrical System**
Portalampada mignon E14
da 40 watt
E14 40-watt miniature lamp holder

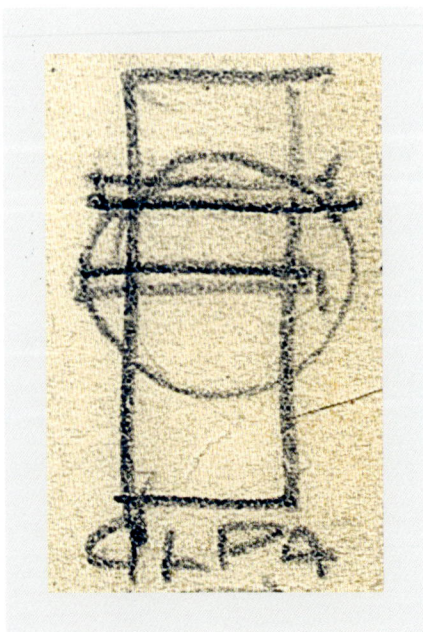

America

Sulla base della lampada, che è realizzata in alluminio lucido o acciaio lucido e ospita il portalampada, si incastrano diversi elementi in plexiglas colorato arancione o verde di diverso spessore, ancorati per mezzo di due montanti fissati in alto con due dadi ciechi di metallo. A seconda dell'anno di produzione, cambiano sia i fermi superiori sia la quantità di fori per l'aerazione sul fondo e sulla parte superiore. Le lastre di plexiglas sono forate al centro per ospitare l'impianto elettrico. In base alle informazioni tratte dall'Archivio Newlamp, si ritiene che siano stati prodotti al massimo centocinquanta esemplari di varie misure e nei colori arancio e verde.

On the base of the lamp, which is made of polished aluminium or polished steel and houses the lamp holder, orange or green Plexiglas elements of different thicknesses are fitted by means of two uprights, fixed at the top with two blind metal nuts. Depending on the year of production, both the upper fastenings and the quantity of ventilation holes on the bottom and top change. The Plexiglas plates are perforated in the centre to accommodate the electrical system. Based on information from the Archivio Newlamp, it is believed that a maximum of one hundred and fifty pieces of various sizes and in the colours orange and green were produced.

Designer / Designers
Studio Uno (Mario Vento e / and Studio Newlamp)

Anno di produzione / Year of Production
1969-1972

Misure / Dimensions
32/34 x 18/20 x 13/15 cm circa (grande / large)
28/30 x 14/16 x 10/12 cm circa (media / medium)

Prezzo dell'epoca / Original Price
65.000 lire / 33,50 euro circa (grande / large)
42.000 lire / 21,50 euro (media / medium)

Valore rivalutato / Revalued Historical Price
600,00 euro (grande / large)
390,00 euro (media / medium)

Impianto elettrico / Electrical System
Lampadina mignon E14 da 40 watt
E14 40-watt miniature bulb

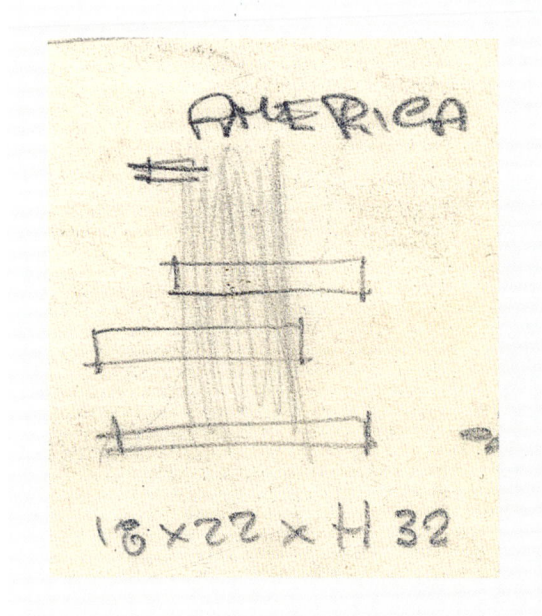

Particolare della variante in arancione ripresa dall'alto in cui si notano i perni d'acciaio che chiudono la struttura e il cerchio formato dai fori di aerazione
Detail of the orange variant taken from above where you can see the steel pins that close the structure and the circle formed by the ventilation holes

Versione grande verde con interruttore speciale in plexiglas realizzato dal laboratorio Newlamp
Large green version with special Plexiglas switch made from the Newlamp laboratory

Ascissa

La scultura luminosa è composta di tre parallelepipedi in alluminio spazzolato, assemblati tramite un perno comune che consente di formare l'intersecazione di diversi piani cartesiani.
Alle due estremità di ciascun parallelepipedo sono fissati dei tappi in metacrilato trasparente satinato, scanalati e forati per l'aerazione.
L'effetto luminoso al buio è molto particolare: fasci di luce provengono da tutti i lati e vanno in ogni direzione, illuminando non solo la superficie di appoggio ma anche il soffitto e le pareti.
Sulla base delle informazioni tratte dall'Archivio Newlamp, si ritiene che Ascissa sia stata prodotta in duecento esemplari al massimo.

The sculptural lamp consists of three brushed aluminium parallelepipeds, assembled by means of a common pin to form the intersection of different Cartesian planes.
Transparent, frosted methacrylate caps, grooved and perforated for ventilation, are fixed at both ends of each parallelepiped.
The lighting effect in the dark is unique: beams of light come from all sides and go in all directions, illuminating not only the supporting surface but also the ceiling and walls.
Based on information from the Archivio Newlamp, it is believed that Ascissa was produced in a maximum of two hundred pieces.

Designer / Designers
Gianfranco Fini e / and Fabrizio Cocchia

Anno di produzione / Year of Production
1969-1972

Misure / Dimensions
32,5 x 8 x 8 cm

Prezzo dell'epoca / Original Price
38.000 lire / 19,50 euro

Valore rivalutato / Revalued Historical Price
352,00 euro

Impianto elettrico / Electrical System
Sei lampadine mignon E14 da 25 watt
Six E14 25-watt miniature bulbs

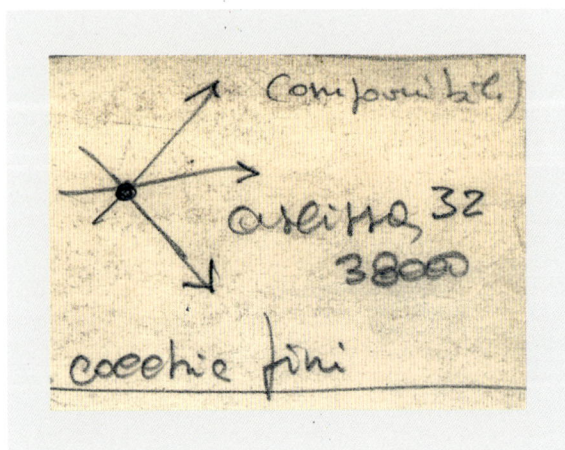

Dettaglio dell'incastro dei tre elementi in acciaio
Detail of the joint of the three steel elements

Asta

La struttura, composta da cilindri di varia misura in alluminio verniciato nei colori bianco, verde, arancio, blu e rosso, è intervallata da altri elementi in plexiglas opalescente. La luce si diffonde dall'interno della lampada, creando dei giochi di luce e ombra nell'ambiente circostante.
Nella sua versione più grande, sono stati realizzati pochissimi esemplari con impianto elettrico doppio, sia interno sia esterno, tipo abat-jour, con portalampada superiore senza cappello e una lampadina Maxiglobus Tungsram da 35 watt.
Sulla base delle informazioni dell'Archivio Newlamp, si ritiene che siano stati prodotti duecento esemplari al massimo, per la maggior parte nelle versioni grande e media, e non più di trenta della variante con doppio impianto elettrico.

The structure consists of cylinders of various sizes made of aluminium painted white, green, orange, blue and red, interspersed with other opalescent Plexiglas elements. The light diffuses from inside the lamp, creating a play of light and shadow in the surrounding environment.
In its larger version, very few pieces with a double electrical system, both internal and external, like a lampshade, have been produced, featuring a capless upper lamp holder and a 35-watt Maxiglobus Tungsram bulb.
Based on information from the Archivio Newlamp, it is believed that a maximum of two hundred pieces were made, mostly in the large and medium versions, and no more than thirty pieces of the variant with a double electrical system were produced in total.

Designer / Designers
Ingrid Hjalmarson
(Mario Vento e / and Studio Newlamp)

Anno di produzione / Year of Production
1969-1972

Misure / Dimensions
h 42 cm, Ø 16 cm
(grande / large)
h 34 cm, Ø 10 cm
(media / medium)
h 24 cm, Ø 7 cm
(piccola / small)

Prezzo dell'epoca / Original Price
50.000 lire / 25,50 euro
(grande / large)
30.000 lire / 16,00 euro
(media / medium)
15.000 lire / 7,50 euro
(piccola / small)

Valore rivalutato / Revalued Historical Price
465,00 euro (grande / large)
298,00 (media / medium)
140,00 (piccola / small)

Impianto elettrico / Electrical System
Portalampada doppio mignon E14 da 40 watt più una variante con portalampada E27 e lampadina Maxiglobus Tungsram argento da 35 watt
E14 40-watt double miniature lamp holder plus a variant with an E27 lamp holder added and 35 watt silver Maxiglobus Tungsram bulb

Variante del modello Asta in bianco in una foto d'archivio
Variant of the Asta model in white in an archive photo

Rara versione grande con doppio
impianto elettrico, doppio interruttore
in plexiglas realizzato dal laboratorio
Newlamp, con lampadina Maxiglobus
Tungsram
Rare large version with double electrical
system, double Plexiglas switch made
by the Newlamp laboratory, with
Maxiglobus Tungsram bulb

Ates

La struttura è composta da cilindri di varie dimensioni realizzati in alluminio, verniciato in bianco, verde, arancio e blu, intervallati da altri elementi in plexiglas opalescente e da quattro finestrelle, ritagliate nel metallo, anch'esse in plexiglas opalescente. La luce, che si diffonde dall'interno della lampada, crea dei giochi di luce e ombra nell'ambiente circostante.
Sulla base delle informazioni raccolte, si crede che sia stata prodotta solo la versione più grande in blu e che siano stati realizzati al massimo duecento esemplari.

The structure consists of cylinders of various sizes made of aluminium painted white, green, orange, and blue, interspersed with other opalescent Plexiglas elements and four small windows, cut out of the metal, also with opalescent Plexiglas. The light diffuses from inside the lamp, creating a play of light and shadow in the surrounding environment.
Based on the information gathered, it is believed that only the largest version in blue was produced and that a maximum of two hundred pieces were made.

Designer / Designers
Ingrid Hjalmarson
(Mario Vento e / and Studio Newlamp)

Anno di produzione / Year of Production
1969-1972

Misure / Dimensions
h 42 cm, Ø 16 cm
(grande / large)
h 34 cm, Ø 10 cm
(media / medium)
h 24 cm, Ø 7 cm
(piccola / small)

Prezzo dell'epoca / Original Price
48.500 lire / 25,00 euro
(grande / large)
30.000 lire / 16,00 euro
(media / medium)
15.000 lire / 7,50 euro
(piccola / small)

Valore rivalutato / Revalued Historical Price
450,00 euro (grande / large)
298,00 (media / medium)
140,00 (piccola / small)

Impianto elettrico / Electrical System
Portalampada doppio E27 e due lampadine speciali oblunghe da 40 watt ciascuna
Double E27 lamp holder and two 40-watt special oblong bulbs

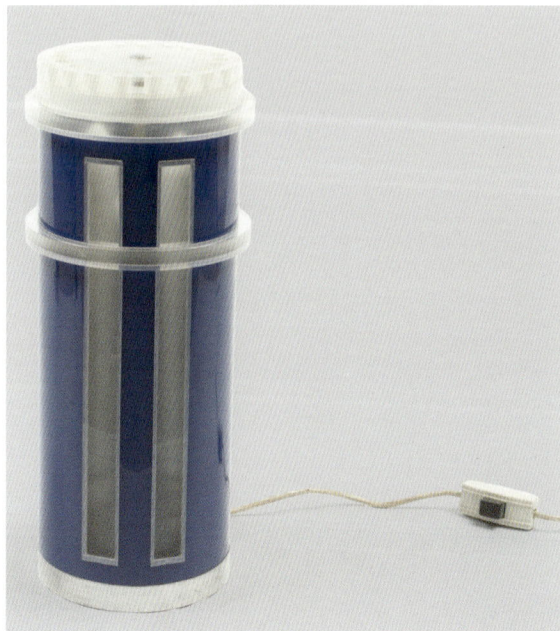

Dettaglio della parte superiore con fori per l'areazione
Detail of the upper part with holes for ventilation

Modello Ates in una foto d'archivio
Ates model in an archive photo

Azimut

La scultura luminosa è composta da quattro lastre concave in acciaio, unite tra loro da quattro inserti in plexiglas trasparente satinato.
La luce, proveniente da tutti i lati e per tutta l'altezza della piantana, si diffonde in ogni direzione illuminando l'ambiente con particolari giochi di ombre.
Sulla base delle informazioni dell'Archivio Newlamp, si ritiene che il modello Azimut sia stato prodotto in centoventi esemplari al massimo.

The sculptural lamp consists of four concave steel plates, joined together by four transparent, frosted Plexiglas inserts. The light, coming from all sides and the entire height of the floor lamp, diffuses in every direction, illuminating the room with a special play of shadows.
Based on information from the Archivio Newlamp, it is believed that a maximum of one hundred and twenty pieces of the Azimut model were produced.

Designer / Designers
Gianfranco Fini e / and
Fabrizio Cocchia

**Anno di produzione /
Year of Production**
1969-1972

Misure / Dimensions
183 x 32 cm

**Prezzo dell'epoca /
Original Price**
160.000 lire / 82,00 euro

**Valore rivalutato /
Revalued Historical Price**
1500,00 euro

**Impianto elettrico /
Electrical System**
Due neon istantanei da 72 watt
Two 72-watt instant neon

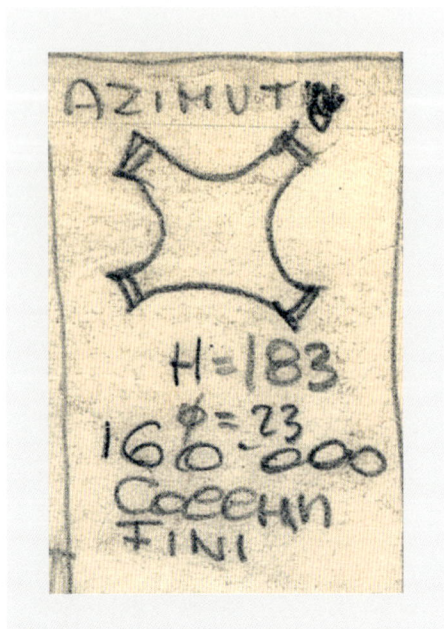

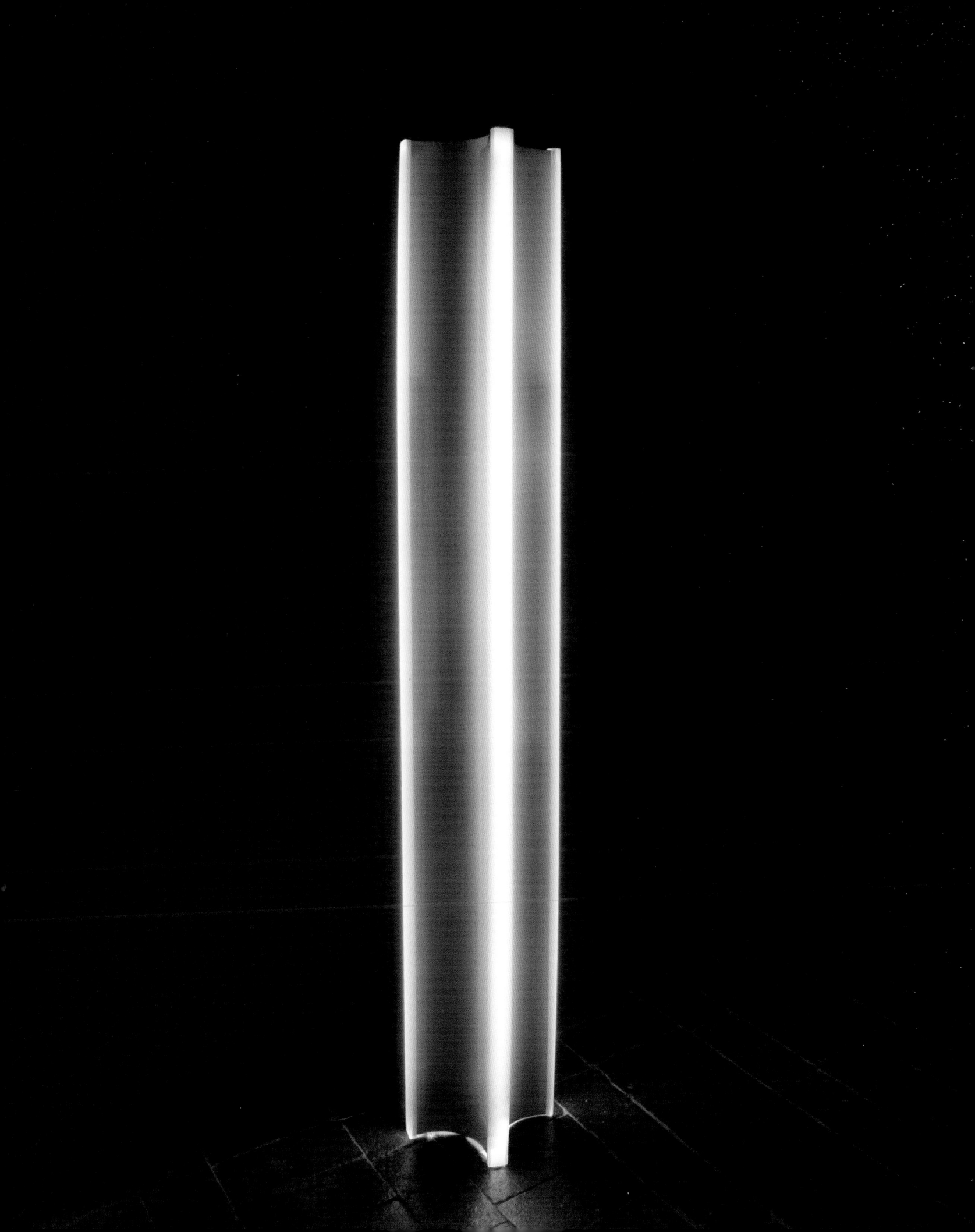

Cesca

Questa lampada, in realtà, è stata disegnata esclusivamente dall'architetto Gianfranco Fini ed è stata dedicata alla figlia Francesca.
Su una base a forma di parallelepipedo in plexiglas trasparente è montato a incastro una sorta di cappello tipo abat-jour formato da due lastre in acciaio lucido, ripiegate con calore e rullo e collegate tra loro.
Al buio, giochi di luce geometrici si ripetono al di sotto e al di sopra della scultura, come sospesi nel vuoto.
Sulla base della complessità della lavorazione, del costo del plexiglas all'epoca della produzione (quindi dell'elevato prezzo finale), nonché secondo altre informazioni ricavate dall'Archivio Newlamp, si ritiene che siano stati eseguiti al massimo cinquanta esemplari.

This lamp was exclusively designed by architect Gianfranco Fini and dedicated to his daughter Francesca.
Fitted on a parallelepiped-shaped base made of transparent Plexiglas, is a lampshade-like hat formed by two polished steel plates, which are folded with heat and roller, and connected to each other.
In the dark, geometric plays of light are repeated below and above the sculpture, as if suspended in the void.
Based on the complexity of the manufacturing process, the cost of Plexiglas at the time of production (hence the high final price), as well as other information from the Archivio Newlamp, it is believed that a maximum of fifty pieces were made.

Designer / Designers
Gianfranco Fini e / and
Fabrizio Cocchia

**Anno di produzione /
Year of Production**
1969-1972

Misure / Dimensions
59 x 48 cm circa (base);
Ø 40 cm circa

**Prezzo dell'epoca /
Original Price**
152.000 lire / 80,00 euro circa

**Valore rivalutato /
Revalued Historical Price**
1410,00 euro

**Impianto elettrico /
Electrical System**
Due portalampada E27
Two E27 lamp holders

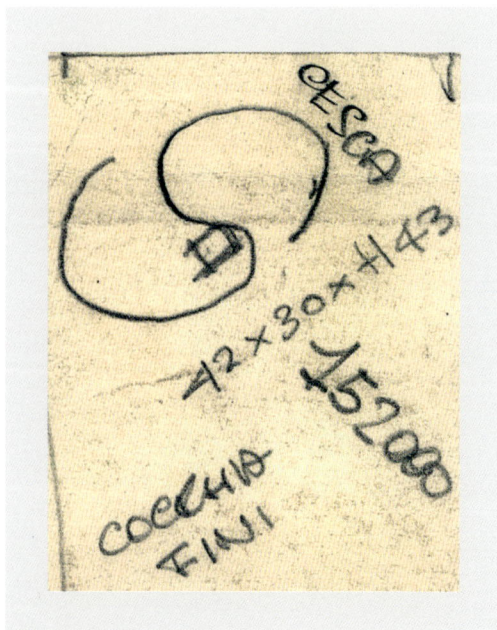

Modello Cesca in una foto d'archivio
Cesca model in an archive photo

Convessa

Si tratta di una struttura in acciaio lucido, un parallelepipedo con quattro lati convessi, vuota all'interno, ma con quattro fori al centro di ogni lato per alloggiare le lampadine.

A seconda di come si regola l'intensità della potenza, al buio l'effetto luminoso è molto suggestivo: le lampadine con cupola cromata riflettono la luce sulla struttura stessa, irradiandola tutt'intorno.

L' impianto elettrico interno è piuttosto complesso e prevede un sistema meccanico con contrappeso in plexiglas che consente l'accensione di una o due coppie opposte di lampadine, capovolgendo la lampada.

Spesso difettosa subito dopo il trasporto, Convessa ha creato molti problemi tecnici, decretando la sua prematura uscita di produzione. Proprio per questo motivo e sulla base delle informazioni ricavate dall'Archivio Newlamp, si ritiene che siano stati prodotti tra i trenta e i quaranta esemplari in totale.

It is a polished steel structure, a parallelepiped with four convex sides, hollow inside but with four holes in the centre of each side to accommodate the light bulbs.

Depending on how the power intensity is adjusted, the lighting effect in the dark is very striking: the bulbs, featuring a chrome cap, reflect light onto the structure itself and radiate it all around.

The internal electrical system is rather complex and involves mechanical parts such as a Plexiglas counterweight that allows one or two opposing pairs of bulbs to be switched on by turning the lamp upside down.

Often defective immediately after transport, Convessa created many technical problems, leading to its premature discontinuation of production. For this reason, and based on information from the Archivio Newlamp, it is believed that between thirty and forty pieces were produced in total.

Designer / Designers
Gianfranco Fini e / and
Fabrizio Cocchia

**Anno di produzione /
Year of Production**
1969-1972

Misure / Dimensions
34 x 34 cm circa

**Prezzo dell'epoca /
Original Price**
148.000 lire / 76,50 euro

**Valore rivalutato /
Revalued Historical Price**
1375,00 euro

**Impianto elettrico /
Electrical System**
Quattro lampadine E27 con
calotta cromata e dimmer
Four E27 bulbs with chrome
cap and dimmer

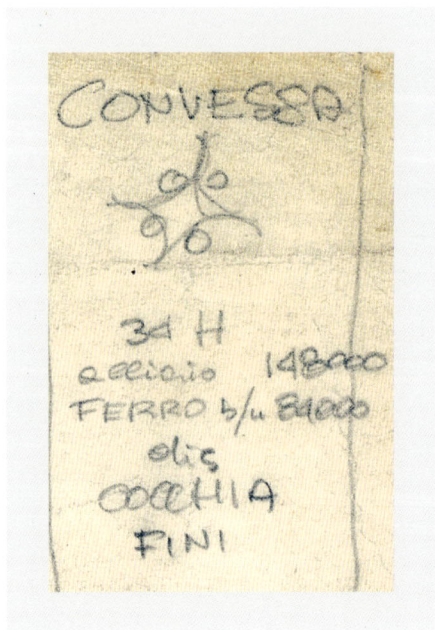

Dettaglio del complesso impianto elettrico interno dotato di contrappeso a leva in metallo e plexiglas
Detail of the complex internal electrical system equipped with counterweight lever in metal and Plexiglas

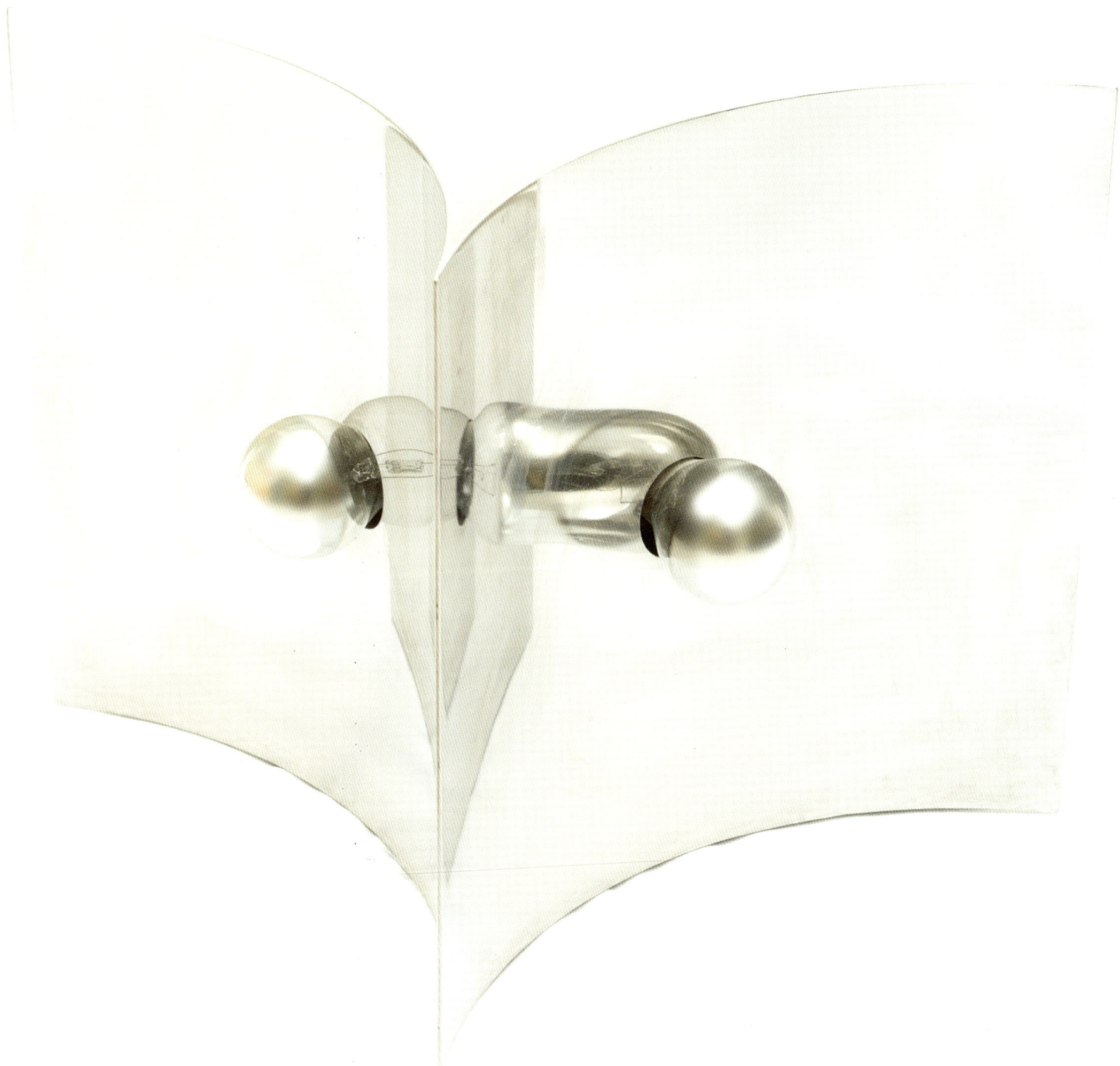

Dedalo

La struttura in acciaio verniciato nero lucido presenta al suo interno elementi lineari cilindrici del diametro di 8 millimetri realizzati in plexiglas ad alta conduzione e disposti a rete, di colore giallo o rosso.

Al buio l'effetto luminoso degli elementi è molto suggestivo: paiono illuminarsi da soli con un effetto quasi fluorescente, nascondendo l'intero pannello che li sostiene.

Modello molto raro, forse perché ritenuto più un'opera d'arte contemporanea che uno strumento luminoso, si ritiene però – sulla base delle informazioni ricavate dall'Archivio Newlamp – che ne siano stati realizzati al massimo dieci esemplari, comprese le varianti.

The steel structure, painted glossy black, features cylindrical linear elements with a diameter of 8 millimetres, made of highly conductive Plexiglas arranged in a net-like pattern, in yellow or red.
In the dark, the lighting effect of the elements is very striking: they seem to light up on their own with an almost fluorescent effect, hiding the entire panel that supports them.
A very rare model, perhaps because it is considered more a work of contemporary art than a lighting product, it is however believed – based on information from the Archivio Newlamp – that a maximum of ten pieces were made, including variants.

Designer / Designers
Studio Newlamp
(Mario Vento)

**Anno di produzione /
Year of Production**
1969-1972

Misure / Dimensions
80 x 80 x 10 cm

**Prezzo dell'epoca /
Original Price**
130.000 lire / 65,00 euro

**Valore rivalutato /
Revalued Historical Price**
1400,00 euro

**Impianto elettrico /
Electrical System**
Due neon Wood da 20 watt
Two 20-watt Wood neon

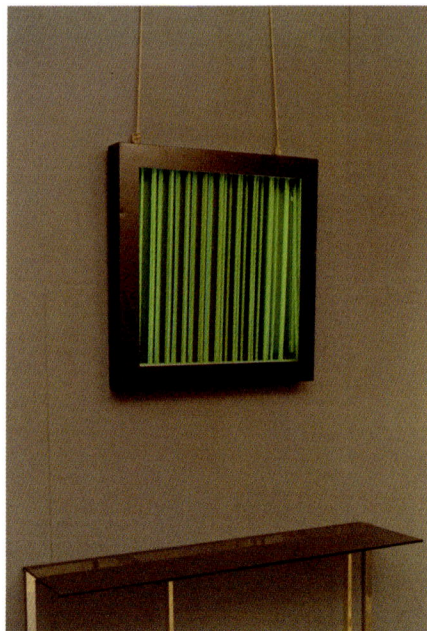

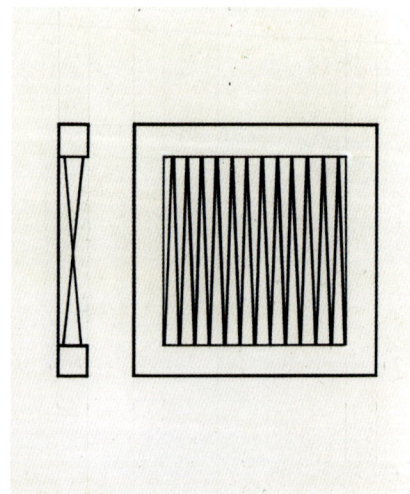

Modello Dedalo in una foto d'archivio
Dedalo model in an archive photo

Diamas

La lampada è costituita da un pannello
da muro con struttura in metallo e quattro
elementi piramidali in rilievo realizzati in plexiglas
trasparente e acciaio.
Sulla base delle informazioni ricavate
dall'Archivio Newlamp, si ritiene che siano
stati prodotti solamente uno o due esemplari
e probabilmente un solo prototipo.

The lamp consists of a wall panel with a metal
frame and four embossed pyramidal elements
made of transparent Plexiglas and steel. Based on
information from the Archivio Newlamp,
it is believed that only one or two pieces were
produced, and probably only one prototype.

Designer / Designers
Studio Newlamp
(Mario Vento)

**Anno di produzione /
Year of Production**
1969-1972

Misure / Dimensions
Sconosciute
Unknown

**Prezzo dell'epoca /
Original Price**
Sconosciuto
Unknown

**Valore rivalutato /
Revalued Historical Price**
Sconosciuto
Unknown

**Impianto elettrico /
Electrical System**
Sconosciuto
Unknown

Divieto

La base è formata da un parallelepipedo in alluminio verniciato di bianco. Al suo interno sono agganciate e pendono delle lastre sottili in alluminio verniciato nero e bianco. Si tratta dell'unico lampadario prodotto da Newlamp. Sulla base delle informazioni tratte dall'Archivio Newlamp, si ritiene che probabilmente sia stato realizzato solo un prototipo.

Thin black and white painted aluminium plates are attached to the square base, made of white painted aluminium, and hang from it.
This is the only chandelier produced by Newlamp. Based on information from the Archivio Newlamp, it is believed that only a prototype was probably made.

Designer / Designers
Gianfranco Fini e / and
Fabrizio Cocchia

**Anno di produzione /
Year of Production**
1969

Misure / Dimensions
32 x 32 cm (base);
h 140 cm (lastre pendenti /
hanging plates)

**Prezzo dell'epoca /
Original Price**
140.000 lire / 72,00 euro

**Valore rivalutato /
Revalued Historical Price**
1300,00 euro

**Impianto elettrico /
Electrical System**
Sconosciuto
Unknown

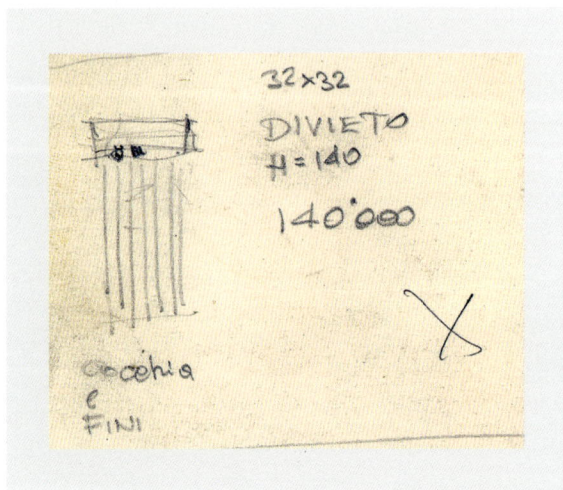

Drop

La costruzione è molto semplice: ogni diverso modello è costruito in alluminio lucido o acciaio lucido o anche in metallo verniciato nero lucido. L'effetto luminoso è davvero molto particolare per queste piccole lampade che reggono una lampadina molto grande: il globo al tungsteno, infatti, diffonde una luce tenue tutt'intorno senza disturbare la vista diretta. Purtroppo, queste lampadine sono state proibite alla fine degli anni settanta e oggi sono praticamente introvabili. Data la piccola dimensione e la delicatezza della lampadina che doveva essere inclusa nella vendita, si ritiene che siano stati prodotti circa cinquanta esemplari di ogni modello.
Rispetto ai primi disegni di Gianni Vento, sulla base del materiale fotografico di archivio risulta che i modelli hanno nomi diversi e che ne sono stati aggiunti altri due.

The construction is very simple: each different model is built in polished aluminium, steel, or even black painted metal. The lighting effect of these small lamps, that hold a very large bulb, is truly unique: the tungsten globe diffuses a soft light all around without disturbing the view. Unfortunately, these bulbs were banned in the late 1970s and today they are virtually impossible to find.
Due to the small size and fragility of the bulb that had to be included in the sale, it is believed that around fifty pieces of each model were produced.
Compared to the first drawings by Gianni Vento, and based on archive photographs, the models have different names and two more have been added.

Designer / Designers
Gianfranco Fini e / and Fabrizio Cocchia

Anno di produzione / Year of Production
1969-1972

Misure / Dimensions
h 13 cm (Drop 1)
h 9 cm (Drop 2)
h 11 cm (Drop 3)
h 12 cm (Drop 4)
h 13 cm circa (Drop 5)
h 10 cm circa (Drop 6)

Prezzo dell'epoca / Original Price
22.000 lire / 11,50 euro (Drop 1)
16.000 lire / 8,50 euro (Drop 2)
16.000 lire / 8,50 euro (Drop 3)
22.000 lire / 11,50 euro (Drop 4)
22.000 lire / 11,50 euro (Drop 5)
16.000 lire / 8,50 euro (Drop 6)

Valore rivalutato / Revalued Historical Price
205,00 euro (Drop 1, Drop 4, Drop 5)
148,00 euro (Drop 2, Drop 3, Drop 6)

Impianto elettrico / Electrical System
Cablaggio standard Newlamp (argento/nero/bianco) con portalampada argentato inserito all'interno di ciascuna struttura attraverso un foro; dotazione di speciale lampadina Maxiglobus Tungsram E27 da 35 watt tipo argento o, più raro, tipo oro
Standard Newlamp wiring (silver/black/white) with silver-plated lamp holder inserted into each frame through a hole; fitted with special silver-type Maxiglobus Tungsram E27 35-watt bulb or, more rarely, gold-type bulbs

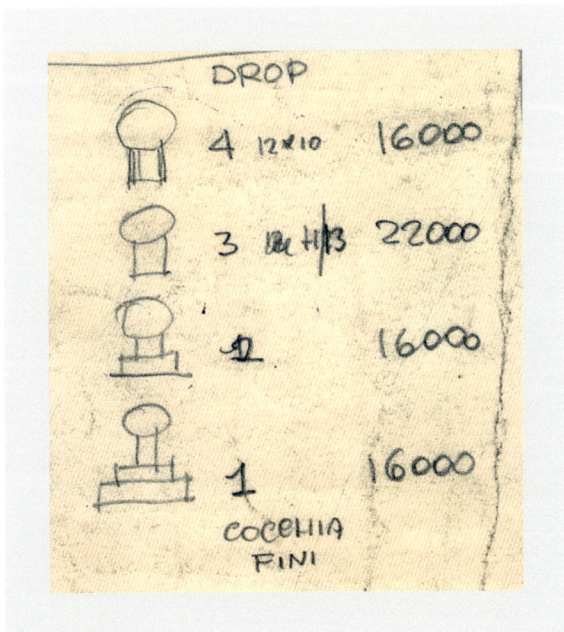

Modello Drop 1 in una foto d'archivio
Drop 1 model in an archive photo

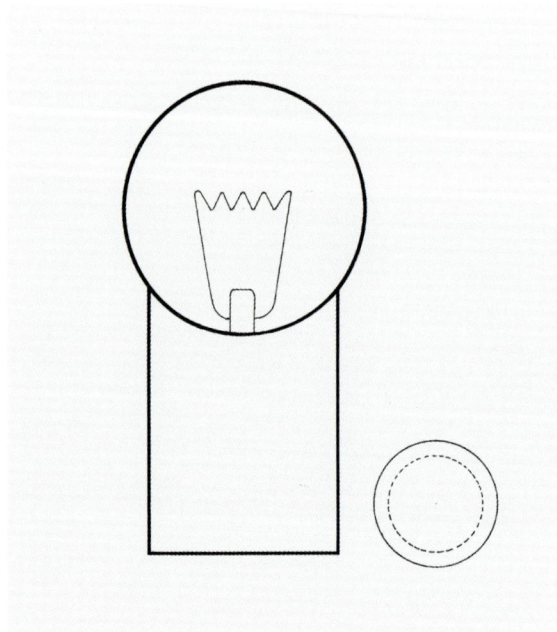

DROP 1

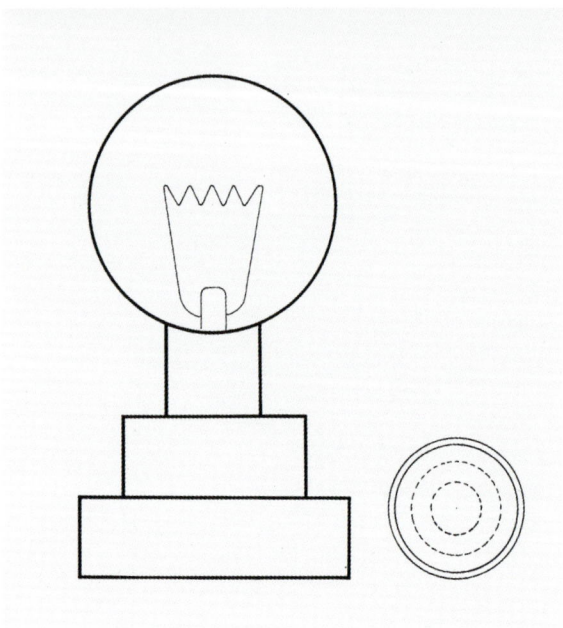

Modello Drop 2 in alluminio
lucido con lampadina
Maxiglobus Tungsram oro
Drop 2 model polished
aluminium and gold Tungsten
Maxiglobus bulb

Due modelli Drop 2
in alluminio lucido
e in metallo verniciato nero
Two Drop 2 models
in polished aluminium
and black painted metal

A fronte / Opposite
Modello Drop 3 con
lampadina Maxiglobus
Tungsram argento
Drop 3 model with silver
Maxiglobus Tungsram bulb
I modelli Drop e Drop 3
in una foto d'archivio
Drop and Drop 3 models
in an archive photo

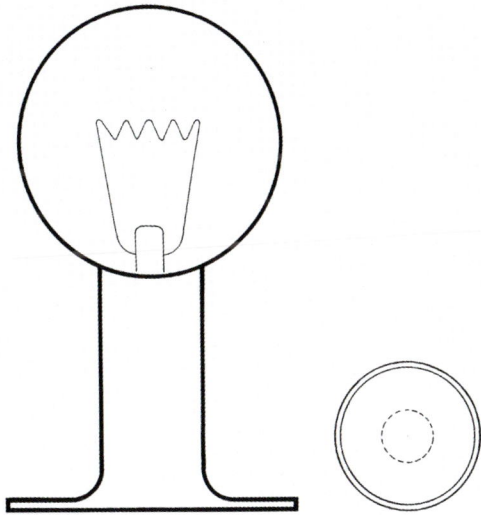

Modello Drop 4 con lampadina
Maxiglobus Tunsgram oro
Drop 4 model with gold Maxiglobus
Tunsgram bulb

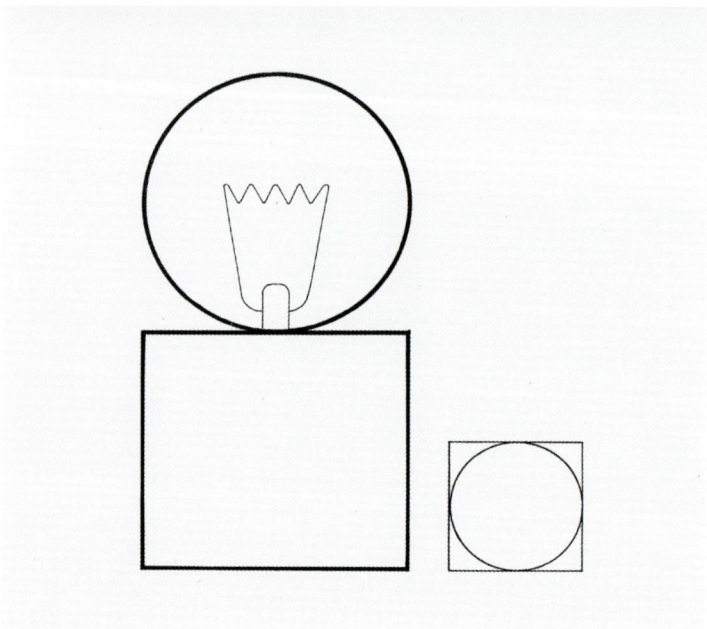

Modelli Drop 4, Drop 5, Drop 6
in foto d'archivio
Drop 4, Drop 5, Drop 6 models
in archive photos

A fronte / Opposite
Due modelli Drop 4 in alluminio lucido
con lampadine oro e argento con
la confezione originale Tungsram
Two Drop 4 models in polished
aluminium with gold and silver bulbs
with the original Tungsram packaging

G 999

La struttura è una cornice quadrata in metallo verniciato nero lucido o bianco lucido. Alla cornice sono fissate due reti di metallo, parallele e distanti, attraverso le quali è possibile collocare a piacimento numerosissimi prismi di materiale plastico di diversa misura e diverse gradazioni di colore, dal trasparente all'azzurro, al blu. Per la prima e unica volta nella storia di Newlamp, tali elementi non sono realizzati in plexiglas, bensì con un materiale in polvere che viene sciolto con il calore in forno e solidificato in specifiche formine. Nessun elemento di plastica è uguale all'altro se non nello spessore, che deve essere lo stesso per poter passare attraverso la rete metallica. Ogni tanto, all'interno della struttura di plastica, si possono osservare anche delle bollicine d'aria solidificate. È inoltre possibile disporre a proprio piacimento o casualmente i numerosissimi elementi per comporre la combinazione di colori preferita. L'effetto luminoso d'insieme è molto suggestivo in quanto sembra nascere direttamente dal buio senza mostrare la fonte luminosa.
Si tratta di una scultura luminosa piuttosto rara, prodotta solo per un periodo molto breve. Sulla base delle informazioni reperite dall'Archivio Newlamp, si ritiene che siano stati prodotti al massimo cinquanta esemplari.

The structure is a square metal frame painted glossy black or glossy white. Attached to the frame are two parallel and distant metal grids, through which numerous plastic prisms of different sizes and shades of colour, from transparent to light blue and blue, can be placed at will. For the first and only time in the history of Newlamp, these elements are not made of Plexiglas, but of a powdered material that is melted with heat in an oven and solidified in specific moulds. No plastic element is identical to another except in thickness, which must be the same to pass through the metal grids. Occasionally, solidified air bubbles can also be seen inside the plastic structure. It is also possible to arrange the numerous elements at will or at random to create the preferred colour combination. The overall lighting effect is very striking as it seems to emerge directly from the darkness without showing the light source.
It is a rather rare light sculpture, produced only for a very short time. Based on information from the Archivio Newlamp, it is believed that a maximum of fifty pieces were produced.

Designer / Designers
Giuseppe Ravasio

Anno di produzione / Year of Production
1969-1972

Misure / Dimensions
38 x 48 x 8 cm circa

Prezzo dell'epoca / Original Price
64.000 lire / 33,00 euro

Valore rivalutato / Revalued Historical Price
700,00 euro

Impianto elettrico / Electrical System
Due neon con alimentatore istantaneo
Two neon tubes with instant-start ballast

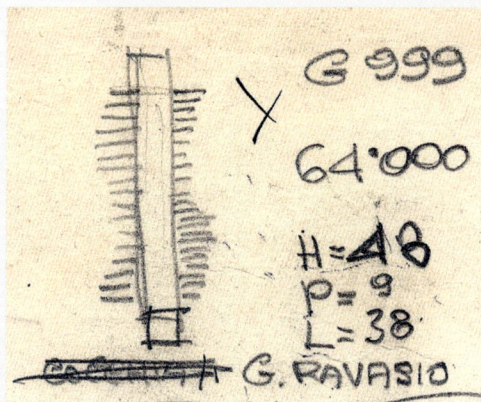

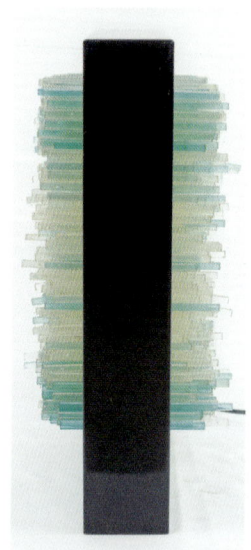

Veduta laterale del modello G 999
Side view of G 999 model

Heathrow

La struttura della base è in pesante fusione di alluminio verniciato di bianco di forma circolare. Al centro, un cilindro di perspex bianco latte nasconde due portalampade ed emette una luce omogenea e diffusa. Appoggiata sopra vi è una struttura cilindrica in materiale plastico composta da diverse stecche, posizionate e incastonate a raggiera e incollate tra loro con della colla trasparente (questa parte della scultura luminosa è particolarmente delicata e la colla si è facilmente ingiallita e sgretolata).
Il progetto è nato dall'ispirazione di Mario Vento che ha voluto riprendere, stilizzandola, la torre di controllo dell'aeroporto londinese.
Scultura luminosa alquanto rara, sulla base delle informazioni ottenute dall'Archivio Newlamp, si ritiene che possa essere stato prodotto un solo prototipo o al massimo quindici esemplari.

The base structure is made of heavy cast aluminium painted white with a circular shape. In the centre, a milk-white Perspex cylinder conceals two lamp holders and emits a homogeneous, diffuse light. Resting on top is a cylindrical plastic structure made of several slats, arranged and set radially and glued together with transparent adhesive (this part of the sculptural lamp is particularly delicate, and the glue easily yellowed and crumbled).
Inspired by the London airport, Mario Vento wanted to recreate, stylising it, the control tower of Heathrow. A rather rare sculptural lamp, based on information from the Archivio Newlamp, it is believed that only a prototype or a maximum of fifteen pieces were produced.

Designer / Designers
Studio Newlamp
(Mario Vento e collaboratori / and collaborators)

Anno di produzione / Year of Production
1969-1972

Misure / Dimensions
h 31 cm circa, Ø 30 cm circa

Prezzo dell'epoca / Original Price
44.000 lire / 22,50 euro circa

Valore rivalutato / Revalued Historical Price
408,00 euro

Impianto elettrico / Electrical System
Lampadina E27 da 60 watt
60-watt E27 bulb

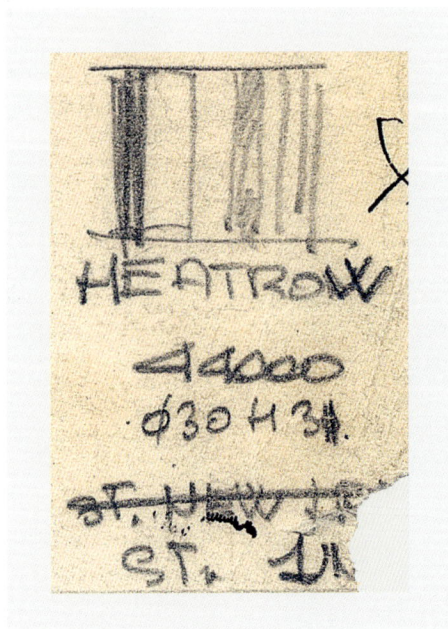

Dettaglio costruttivo della parte superiore della struttura
Construction detail of the upper part of the structure

Dettaglio costruttivo della struttura con i fori delle prese d'aria
Construction detail of the structure with the air intake holes

Interior

La base, costruita in acciaio lucido o spazzolato oppure in metallo verniciato nero o bianco, contiene la fonte luminosa. Un piano in metacrilato opalino funge da base per quattro cubi di misura decrescente che presentano una grande apertura circolare al centro; i cubi sono realizzati in perspex trasparente, trasparente speciale oppure azzurro, verde o lilla.
Per la realizzazione, il plexiglas veniva piegato a caldo tre volte, poi il quarto lato veniva incollato. I parallelepipedi, nel sovrapporsi dei piani, colorano la luce in una vasta gamma di toni, accompagnandola quasi in un susseguirsi di pure forme geometriche. La diversa rifrazione del materiale sugli spigoli è sfruttata a fondo per creare un contrappunto di linee e piani di grande valore dinamico. A seconda della disposizione dei cubi interni, la luce si propaga con effetti sempre differenti sia sulle pareti circostanti sia sul soffitto.
Scultura luminosa molto riuscita, il cui progetto si basava sul principio delle scatole cinesi, Interior ha ottenuto una discreta fortuna. Sulla base delle informazioni dell'Archivio Newlamp, si ritiene che siano stati prodotti al massimo cento esemplari, nelle varie colorazioni.

The base, made of polished or brushed steel, or black or white painted metal, contains the light source. An opaline methacrylate top serves as the base for four cubes of decreasing size with a large circular opening in the centre; the cubes are made of transparent, special transparent, light blue, green, or lilac Perspex elements.
To make them, the Plexiglas was folded with heath three times, then the fourth side was glued. When overlapping, the parallelepipeds colour the light in a wide range of tones, accompanying it almost in a succession of pure geometric shapes.
The different refraction of the material on the edges is fully exploited to create a very dynamic counterpoint of lines and planes. Depending on the arrangement of the cubes inside, the light creates ever-changing effects on the surrounding walls and ceiling.
The design of this successful sculptural lamp, which became quite popular, was inspired by the Chinese boxes, Interior obtained a good fortune. Based on information from the Archivio Newlamp, it is believed that a maximum of one hundred pieces were produced, in various colours.

Designer / Designers
Gianfranco Fini e / and Fabrizio Cocchia

Anno di produzione / Year of Production
1969-1972

Misure / Dimensions
36 x 30 cm circa

Prezzo dell'epoca / Original Price
50.000 lire / 25,50 euro circa

Valore rivalutato / Revalued Historical Price
465,00 euro

Impianto elettrico / Electrical System
Neon circolare con alimentatore istantaneo o lampeggiante. Ne esiste anche una versione sperimentale con neon ultravioletto
Circular neon with instant-start or dimmable ballast. There is also an experimental version with ultraviolet neon

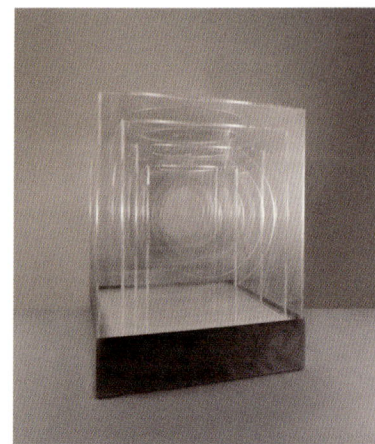

Modello Interior in plexiglas trasparente con base in acciaio lucido
Interior model in transparent plexiglas with polished steel base

Joy

Si tratta probabilmente dell'ultima scultura luminosa prodotta da Newlamp.
La struttura in acciaio lucido presenta una parte superiore sempre in acciaio lucido piegato e una inferiore in metacrilato bianco latte.
Sulla base delle informazioni ricavate dall'Archivio Newlamp si ritiene che sia stato prodotto forse un solo esemplare, in ogni caso al massimo quindici esemplari.

It is probably the last sculptural lamp produced by Newlamp.
The polished steel structure has an upper part also made of polished bent steel and a milk-white methacrylate lower part.
Based on information from the Archivio Newlamp, it is believed that perhaps only one piece, or a maximum of fifteen were made.

Designer / Designers
Mario Vento

**Anno di produzione /
Year of Production**
1972

Misure / Dimensions
Sconosciute
Unknown

**Prezzo dell'epoca /
Original Price**
Sconosciuto
Unknown

**Valore rivalutato /
Revalued Historical Price**
Sconosciuto
Unknown

**Impianto elettrico /
Electrical System**
Lampadine E27
E27 bulbs

Esemplare di collezione privata
Model from private collection

Labirinto

La struttura è composta da due semicerchi in alluminio verniciato: uno nero opaco e l'altro bianco oppure entrambi neri o entrambi bianchi. Sulla base delle informazioni dell'Archivio Newlamp, si ritiene che il modello Labirinto sia stato realizzato al massimo in venticinque esemplari, interrompendone presto la produzione.

The structure consists of two painted aluminium semicircles: one matt black and the other white, or both black or both white.
Based on information from the Archivio Newlamp, it is believed that a maximum of twenty-five pieces of the Labirinto model were produced. The production of the floor lamp was soon discontinued, soon stopping the production.

Designer / Designers
Gianfranco Fini e / and Fabrizio Cocchia

Anno di produzione / Year of Production
1969-1972

Misure / Dimensions
182 x 27 x 14 cm

Prezzo dell'epoca / Original Price
96.000 lire/ 50,00 euro circa

Valore rivalutato / Revalued Historical Price
890,00 euro

Impianto elettrico / Electrical System
Lampada al neon con alimentatore istantaneo
Neon lamp with instant-start ballast

Modello Labirinto in una foto d'archivio
Labirinto model in an archive photo

Logos da tavolo / Logos table lamp

La struttura della lampada è composta da una base in acciaio lucido su cui poggiano quattro cubi di misura decrescente in plexiglas trasparente (in alcune varianti anche di colore lilla o verde). Come il modello Interior, anche la concezione di Logos prende spunto dal meccanismo delle scatole cinesi, realizzata però senza la foratura centrale.
Sulla base delle informazioni nell'Archivio Newlamp, si ritiene che siano stati eseguiti al massimo cinquanta esemplari, nei vari colori.
Ne è stata realizzata anche una versione più alta da 106 centimetri.

The lamp structure consists of a polished steel base with four transparent Plexiglas cubes of decreasing sizes resting on it (in some variants, also available in lilac or green).
Like the Interior model, the design of Logos is also inspired by the Chinese boxes but made without the central holes.
Based on information from the Archivio Newlamp, it is believed that a maximum of fifty pieces were produced, in various colours.
A taller 106-centimetre version was also made.

Designer / Designers
Gianfranco Fini e / and Fabrizio Cocchia

Anno di produzione / Year of Production
1969-1972

Misure / Dimensions
36 x 30 x 30 cm

Prezzo dell'epoca / Original Price
48.000 lire/ 25,00 euro circa

Valore rivalutato / Revalued Historical Price
445,00 euro

Impianto elettrico / Electrical System
Lampada al neon con alimentatore istantaneo
Neon lamp with instant-start ballast

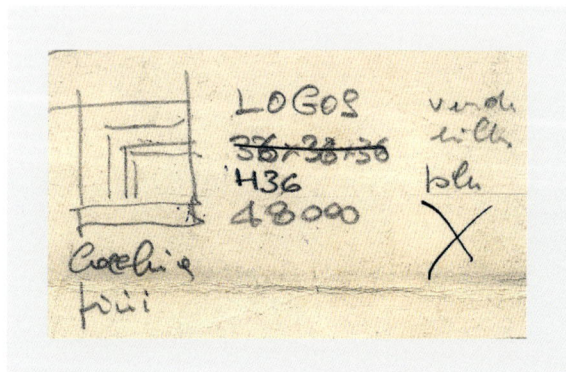

Logos da terra / Logos floor lamp

La struttura della scultura luminosa è composta da una base in acciaio lucido e da quattro cubi dalle dimensioni decrescenti (in plexiglas trasparente oppure, in alcune varianti, di colore lilla o verde) appoggiati sopra di essa.
Come la versione da tavolo, anche questo modello si rifà alle scatole cinesi, ed è realizzata senza i fori centrali.
Sulla base delle informazioni ricavate dall'Archivio Newlamp, si ritiene che siano state prodotti al massimo trenta esemplari nei vari colori.
Ne è stata eseguita anche una versione più bassa da 36 centimetri.

The structure of the sculptural lamp consists of a polished steel base and four cubes of decreasing size (made of transparent or, in some variants, lilac or green Plexiglas) resting on it. Like the table version, this model is also inspired by Chinese boxes but made without the central holes. Based on information from the Archivio Newlamp, it is believed that a maximum of thirty pieces were produced, in various colours. A smaller 36-centimetre version was also made.

Designer / Designers
Gianfranco Fini e / and
Fabrizio Cocchia

**Anno di produzione /
Year of Production**
1969-1972

Misure / Dimensions
106 x 30 x 30 cm circa

**Prezzo dell'epoca /
Original Price**
120.000 lire / 62,00 euro circa

**Valore rivalutato /
Revalued Historical Price**
1115,00 euro

**Impianto elettrico /
Electrical System**
Lampada al neon con alimentatore istantaneo
Neon lamp with instant-start ballast

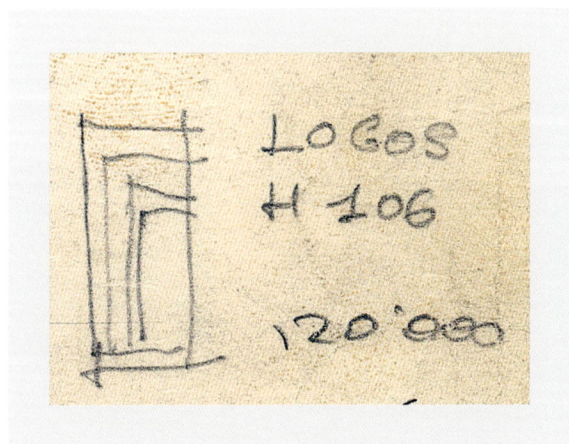

Veduta di un negozio di design con esposto il modello Logos da terra, 1970
View of a design shop with the Logos floor lamp model on display, 1970

Luna

Si tratta di una delle sculture luminose di Newlamp che ha riscosso maggiore successo. Simboleggia una luna in versione futuristica e stilizzata la cui luce bianca riflette sui tre elementi da tutti i lati e in tutte le direzioni.
La struttura è composta da tre dischi in acciaio lucido per le versioni grandi, mentre quelle piccole sono disponibili anche in metallo verniciato nero, giallo, viola e marrone.
I tre elementi, piegati e assemblati con speciali rivetti a doppia testa, ospitano al loro interno la lampadina, consentendone una minima rotazione. Nella versione da soffitto, un cavo elettrico più spesso funge anche da elemento portante per sostenerne il peso (senza utilizzare il tipico secondo cavo in acciaio) ed è realizzato un attacco speciale al portalampada.
Sulla base delle informazioni tratte dall'Archivio Newlamp, si ritiene che siano stati prodotti al massimo centocinquanta esemplari della versione piccola (in vari colori), un centinaio della versione da terra e non più di venti della versione da soffitto, in quanto meno richiesta.

This is one of Newlamp's most successful sculptural lamps. It represents a futuristic, stylised moon whose white light reflects on the three elements from all sides and in all directions. The structure consists of three polished steel discs for the large versions, while the small ones are also available in black, yellow, purple, and brown painted metal.
The three elements, bent and assembled with special double-headed, house the light bulb inside them, allowing for minimal rotation. In the pendant version, a thicker electric cable acts as a load-bearing element to support its weight (without using the typical second steel cable) and a special connection is made to the lamp holder.
Based on information from the Archivio Newlamp, it is believed that a maximum of one hundred and fifty pieces of the small version (in various colours), one hundred of the floor lamp, and no more than twenty of the pendant, as it was less in demand, were produced.

Designer / Designers
Rinaldo Cutini

Anno di produzione / Year of Production
1969-1972

Misure / Dimensions
Ø 20 cm (Luna da tavolo / Luna table lamp)
Ø 50 cm (Luna da terra / Luna floor lamp)
Ø 60 cm (Luna da soffitto / Luna ceiling lamp)

Prezzo dell'epoca / Original Price
18.000 lire / 9,00 euro (Luna da tavolo / Luna table lamp)
72.000 lire / 36,00 euro (Luna da terra / Luna floor lamp)
72.000 lire / 36,00 euro (Luna da soffitto / Luna ceiling lamp)

Valore rivalutato / Revalued Historical Price
170,00 euro (Luna da tavolo / Luna table lamp)
775,00 euro (Luna da terra / Luna floor lamp)
775,00 euro (Luna da soffitto / Luna ceiling lamp)

Impianto elettrico / Electrical System
Lampadina opalina E27 per le versioni da terra e da soffitto, e mignon per quella da tavolo
E27 opal bulb for floor and pendant lamps, and miniature bulb for the table lamp

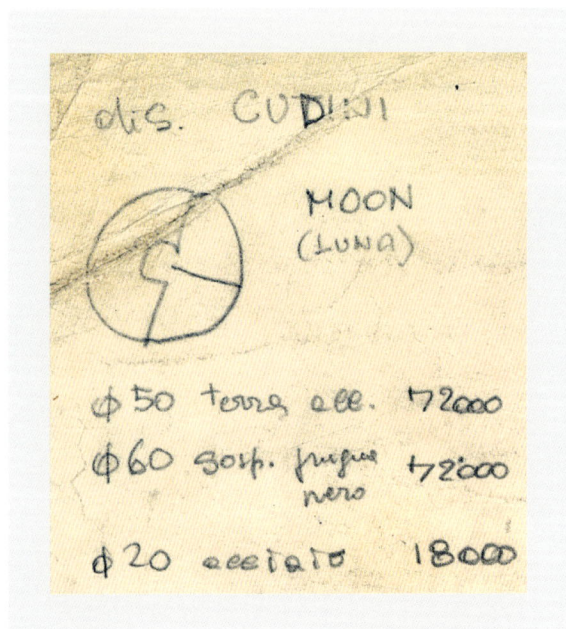

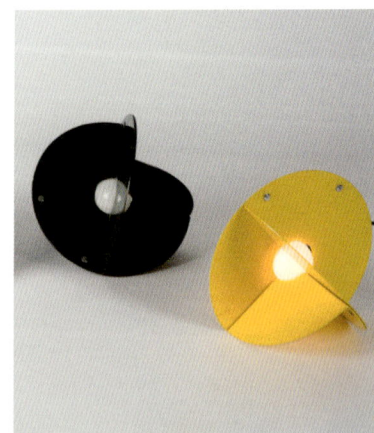

Coppia di esemplari di Luna da tavolo di colore marrone scuro e giallo
Pair of dark brown and yellow table Luna specimens

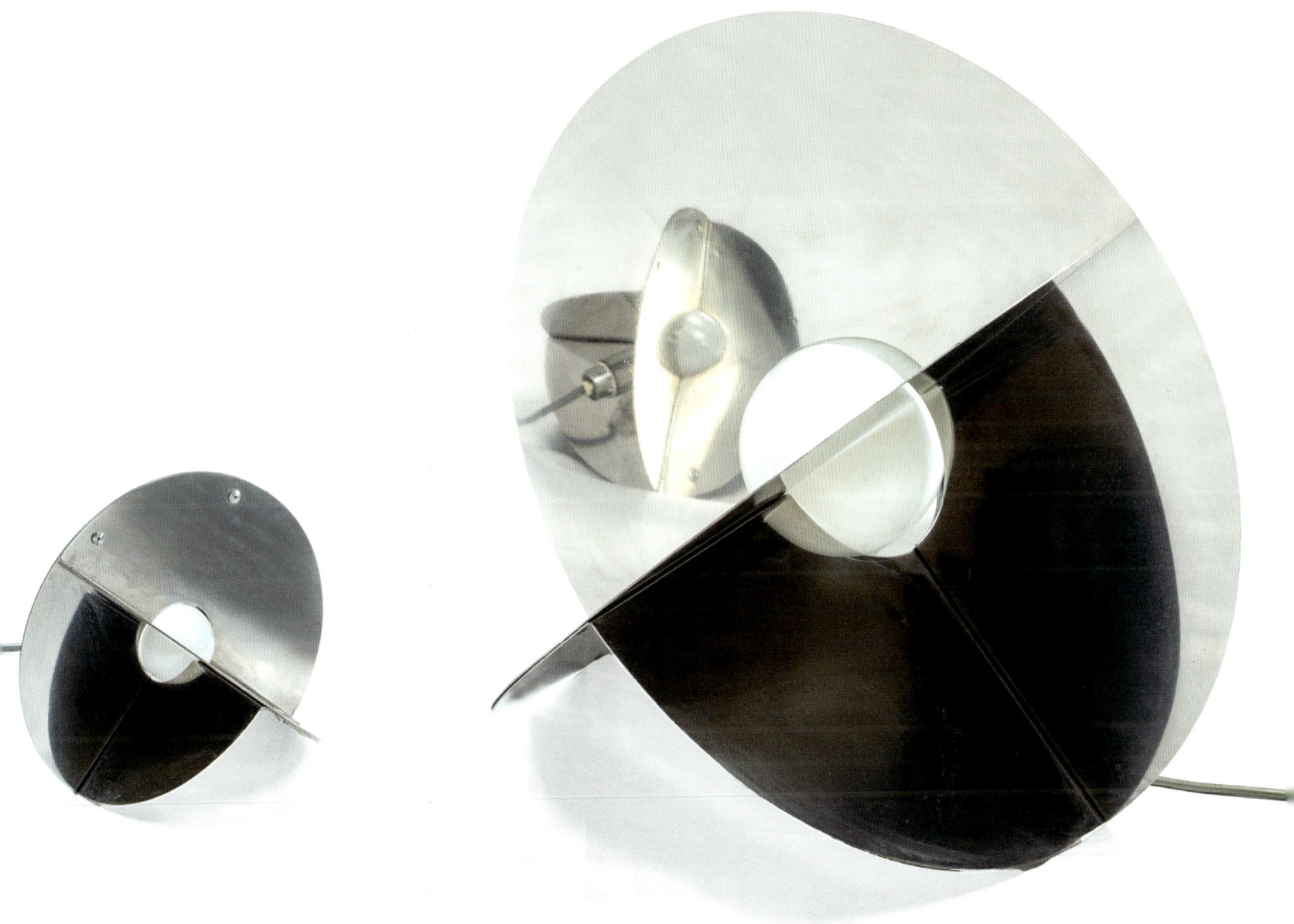

Modello Luna da tavolo e Luna da terra
in acciaio lucido
Luna table model and Luna floor model
in polished steel

Meridiana

La struttura in acciaio lucido piegato sostiene un foglio di metacrilato bianco latte, anch'esso ripiegato ad ala di gabbiano.
La scultura luminosa rappresenta una meridiana del futuro, che indica il tempo attraverso i raggi di luce che filtrano attraverso il metacrilato.
È progettata per essere posizionata sulla base, proiettando la luce in alto, oppure di traverso diffondendo la luce sulla base d'appoggio.
Sulla base delle informazioni ricavate dall'Archivio Newlamp, si ritiene che siano stati eseguiti al massimo cinquanta esemplari.

The folded polished steel structure supports a sheet of milk-white methacrylate, also folded into a seagull's wing.
The sculptural lamp represents a sundial of the future, indicating time thanks to the rays of light filtering through the methacrylate.
It is designed to be placed on the base, projecting the light upwards, or sideways, diffusing the light onto the base. Based on information from the Archivio Newlamp, it is believed that a maximum of fifty pieces were produced.

Designer / Designers
Fabrizio Cocchia

**Anno di produzione /
Year of Production**
1969-1972

Misure / Dimensions
60 x 12 x 30 cm circa

**Prezzo dell'epoca /
Original Price**
48.000 lire / 25,00 euro circa

**Valore rivalutato /
Revalued Historical Price**
445,00 euro

**Impianto elettrico /
Electrical System**
Due mini neon da 8 watt
Two 8-watt miniature neon

Modello Meridiana in foto d'archivio
Meridiana model in an archive photo

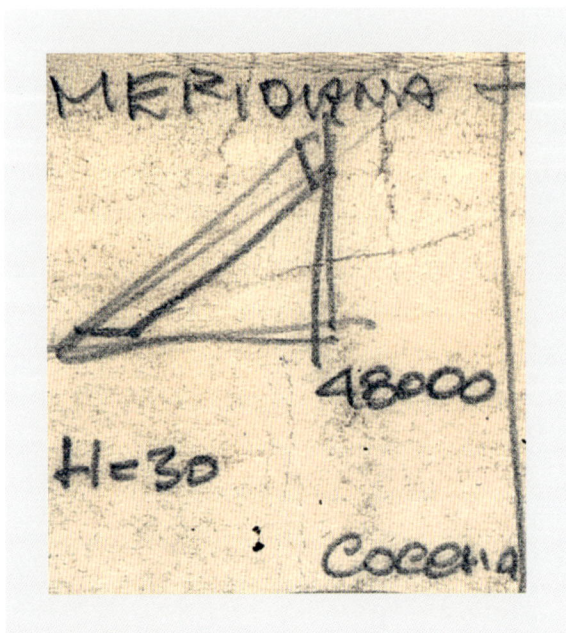

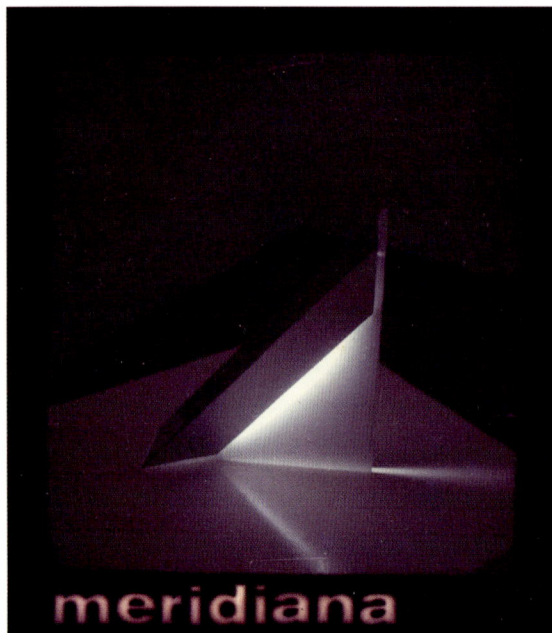

Modulo

La struttura, in acciaio lucido o metallo verniciato nero lucido, presenta ventinove fori per lato e altri fori, speciali, sul retro per appendere la lampada alla parete come un'applique. Altrettanti poliedri di lunghezza diversa, realizzati in perspex trasparente satinato, sono ancorati attraverso una parte filettata e fissata all'interno da speciali bulloni in ferro. La scultura luminosa è chiusa nella parte superiore e in quella inferiore da due tappi sagomati sempre di perspex satinato. L'impianto elettrico, piuttosto complesso, è stato realizzato appositamente per questo modello: tutti gli elementi sono montati *ad hoc* su uno speciale carrello su misura in metallo e gli alimentatori istantanei, a loro volta, sono collegati alle lampade neon con una striscia di metallo a forma di molla. Tra le opere d'arte più spettacolari ed elaborate di Newlamp, nonché una delle più pesanti (pesa, infatti, diciotto chilogrammi circa), sia nella versione nera sia in quella in acciaio lucido, la luce sembra irradiarsi direttamente dalla parete, diffondendosi in modo soffuso verso destra e sinistra, e poi sopra e sotto, nascondendo la fonte elettrica che la produce. Sulla base delle informazioni dell'Archivio Newlamp, si ritiene che siano stati prodotti al massimo cinquanta esemplari ed è difficile trovare ancora dei modelli che abbiano tutti i plexiglas intatti, poiché sono delicatissimi.

The structure, made of polished steel or glossy black painted metal, has twenty-nine holes on each side and other special holes on the back to hang the lamp on the wall like a sconce. Other polyhedra of different lengths, made of transparent frosted Perspex elements, are anchored through a threaded part and fixed inside by special iron bolts. The sculptural lamp is closed at the top and the bottom by two shaped and frosted Perspex caps. The rather complex electrical system was specially designed for this model: all components are mounted on a custom-made metal rail, and the instant-start ballasts, in turn, are connected to the neon tubes with a spring-shaped metal strip. Among Newlamp's most spectacular and elaborate works of art, as well as one of the heaviest (it weighs, in fact, around eighteen kilograms), in both the black and polished steel versions, the light seems to radiate directly from the wall, diffusing softly to the right and left, and then above and below, hiding the electrical light source. Based on information from the Archivio Newlamp, it is believed that a maximum of fifty pieces were produced, and it is difficult to find models that still have all the Plexiglas parts intact, as they are extremely fragile.

Designer / Designers
Giuseppe Ravasio

Anno di produzione / Year of Production
1969-1972

Misure / Dimensions
108 x 10 x 44,50 cm circa max. e / and 17 cm circa min.

Prezzo dell'epoca / Original Price
130.000 lire / 67,00 euro circa

Valore rivalutato / Revalued Historical Price
1210,00 euro

Impianto elettrico / Electrical System
Due neon da 25 watt con alimentatori istantanei
Two 25-watt neon tubes with instant-start ballasts

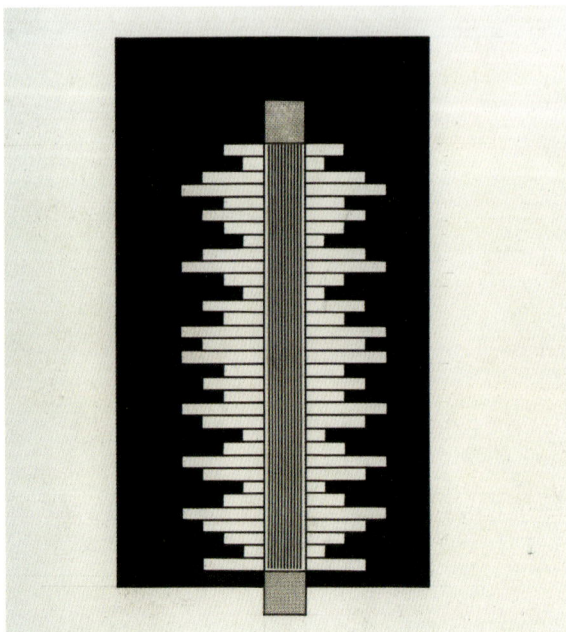

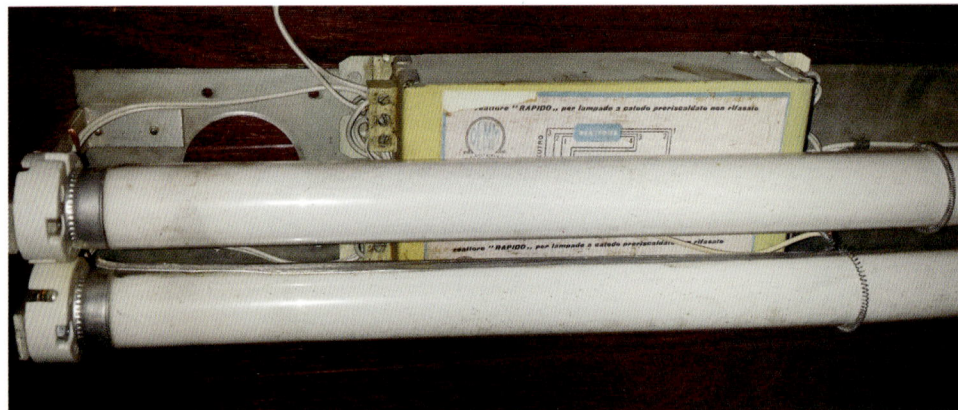

Dettaglio dello speciale impianto elettrico del Modulo
Detail of the special electrical system of the Module

Foto pubblicitaria
Advertising photo

Dettaglio della lavorazione
del plexiglas
Detail of Plexiglas processing

Momo

Sopra la base, formata da tre piastre quadrate in acciaio, è fissata una struttura composta da cinque scatolati in alluminio spazzolato ai cui apici sono apposti dei tappi in plexiglas trasparente satinato e forato per dissipare il calore.
Questa lampada da terra è quasi un monumento futuristico che Mario Vento ha immaginato come un elemento extraterrestre tra gli antichi Fori romani.
Secondo Luciano Napoleoni, di questa versione è stato realizzato un solo esemplare, ma poiché consumava tantissimo e non faceva luce, non ha riscosso successo e non è mai entrata in produzione.
Sulla base delle informazioni dell'Archivio Newlamp, si ritiene che sia stato prodotto un solo esemplare da terra e al massimo dieci esemplari più piccoli nella versione da appoggio. Ne è stata realizzata anche una versione più grande con tredici elementi in alluminio (Momo 3D).

Above the base, that consists of three square steel plates, is a structure made up of five brushed aluminium boxes with frosted and perforated transparent Plexiglas caps at each end for heat dissipation.
This floor lamp is almost a futuristic monument that Mario Vento conceived as an extraterrestrial element in the ancient Roman Forum.
According to Luciano Napoleoni, only one piece of this version was made, but because it consumed a lot of energy and made no light, it was unsuccessful and never went into production.
Based on information from the Archivio Newlamp, it is believed that only one floor lamp and a maximum of ten smaller table lamps were produced. A larger variant with thirteen aluminium elements (Momo 3D) was also made.

Designer / Designers
Mario Vento

Anno di produzione / Year of Production
1969-1972

Misure / Dimensions
200 x 55 cm circa

Prezzo dell'epoca / Original Price
110.000 lire / 57,00 euro circa

Valore rivalutato / Revalued Historical Price
1020,00 euro

Impianto elettrico / Electrical System
Lampadine tubolari smerigliate E14 da 40 watt
E14 40-watt frosted tubular bulbs

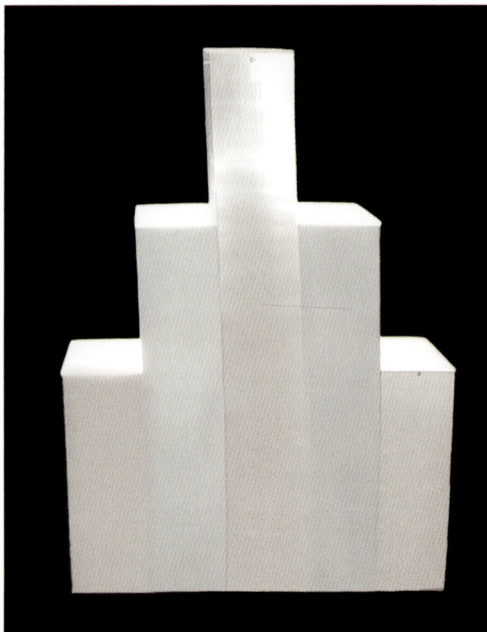

Esempio di rara versione del modello Momo da tavolo in studio e serie fotografica realizzata sulla spiaggia di Ostia Lido (Roma) a cura di Gianni Vento
Example of a rare version of the Momo table model in the studio and the photographic series taken on the beach of Ostia Lido (Rome) curated by Gianni Vento

A fronte / Opposite
Modello Momo da terra in una foto d'archivio ai Fori Imperiali di Roma
Momo floor model in an archive photo at the Fori Imperiali in Rome

Momo 3D

Sopra la base, formata da due piastre a croce in acciaio, è fissata una struttura composta da tredici scatolati in alluminio spazzolato di diverse dimensioni, assemblati a cascata, ai cui apici sono apposti dei cubi in metacrilato bianco latte con un foro centrale rotondo per dissipare il calore. Questa lampada da terra è la versione tridimensionale del modello Momo. Mario Vento esagera le dimensioni, creando una scultura monumentale pesante e poco pratica, quasi a voler celebrare se stesso e il proprio talento con un'opera grandiosa.
Secondo Luciano Napoleoni, anche di questa versione è stato realizzato un solo esemplare, ma poiché consumava tantissimo e i costi dei materiali e della sua realizzazione erano troppo elevati, non è mai entrata in produzione.
Sulla base delle informazioni dell'Archivio Newlamp, si ritiene che il solo esemplare prodotto sia appunto quello riprodotto nelle foto di archivio, al massimo potrebbero essere stati realizzati dieci esemplari.

Above the base, that consists of two cross-shaped steel plates, is a structure made up of thirteen brushed aluminium boxes of different sizes, connected in a cascade arrangement, with milk-white methacrylate cubes at their ends featuring a round central hole for heat dissipation.
This floor lamp is the three-dimensional version of the Momo model. Mario Vento exaggerates the dimensions of the lamp, creating a heavy and impractical monumental sculpture, almost as if to celebrate himself and his own talent with a grandiose work.
According to Luciano Napoleoni, only one piece of this version was made, but since it consumed a lot of energy and the cost of the materials and its manufacturing were too high, it never went into production.
Based on information from the Archivio Newlamp, it is believed that the only piece produced is indeed the one depicted in the archival photographs, it is supposed that only ten examples could have been made.

Designer / Designers
Mario Vento

Anno di produzione / Year of Production
1969-1972

Misure / Dimensions
216 x 52 x 52 cm circa max.

Prezzo dell'epoca / Original Price
190.000 lire / 95 euro presunto / presumably

Valore rivalutato / Revalued Historical Price
2050,00 euro

Impianto elettrico / Electrical System
Lampadine tubolari smerigliate E14 da 40 watt
E14 40-watt frosted tubular bulbs

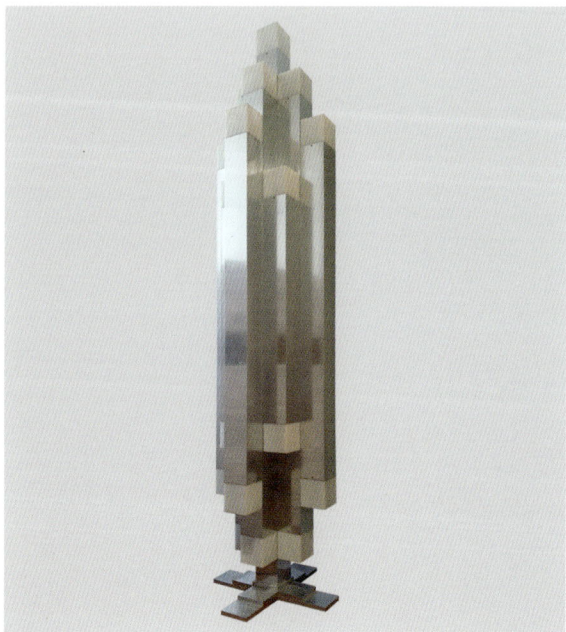

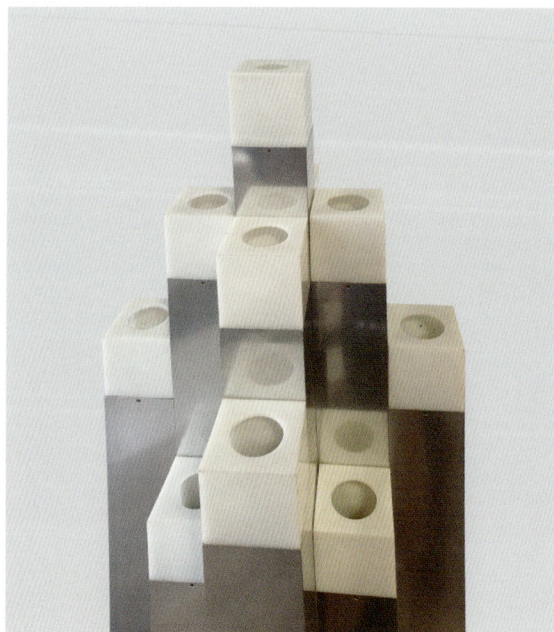

Modello Momo 3D in una foto d'archivio
Momo 3D model in an archive photo

Dettaglio costruttivo della parte superiore della struttura con cubi forati in metacrilato
Construction detail of the upper part of the structure with perforated methacrylate cubes

A fronte / Opposite
Modello Momo 3D in una foto d'archivio ai Fori Imperiali di Roma
Momo 3D model in an archive photo at the Fori Imperiali in Rome

Serie fotografica realizzata sulla spiaggia di
Ostia Lido (Roma) a cura di Gianni Vento
Photographic series realized in Ostia Lido
beach (Rome) curated by Gianni Vento

Morgana

Sulla base in acciaio lucido si inseriscono a incastro Due fogli di spesso metacrilato bianco latte, paralleli e separati da dodici pezzi di acciaio lucido a forma di semicerchio. Questi ultimi sono agganciati ai due lati attraverso dei micro piedini fissati e poi incollati in piccoli fori praticati manualmente. La luce si propaga dalla base, riflettendosi sulle parti curve e creando una sorta di onde luminose nell'ambiente e sul soffitto. Con questi accorgimenti, gli architetti hanno cercato di rappresentare il cosiddetto effetto Fata Morgana, fenomeno ottico visibile all'orizzonte quando i raggi del sole sono incurvati dal passaggio attraverso strati di aria a temperature diverse.
Di questo modello è noto un unico esemplare, realizzato per il mercato americano, caratterizzato dalle semicalotte interne rovesciate. Si tratta probabilmente di un prototipo sperimentale.
Sulla base delle informazioni dell'Archivio Newlamp, si ritiene che sia stato prodotto un solo esemplare invertito e al massimo cinquanta esemplari regolari.

Two sheets of thick, milk-white methacrylate, parallel and separated by twelve pieces of polished steel shaped like semicircles, are fitted on the polished steel base. These pieces are attached to the two sides through micro feet fixed and then glued into small holes drilled manually. Light radiates from the base, reflecting on the curved parts and creating a sort of light waves in the room and on the ceiling. With these features, the architects tried to represent the so-called "Fata Morgana" effect, an optical phenomenon that is visible on the horizon when the sun's rays are bent by passing through air at different temperatures. A variation of this model, made for the American market, was built with the inner half shells inverted. It was probably an experimental prototype. Based on information from the Archivio Newlamp, it is believed that only one inverted version and a maximum of fifty regular pieces were produced.

Designer / Designers
Gianfranco Fini e / and
Fabrizio Cocchia

**Anno di produzione /
Year of Production**
1969-1972

Misure / Dimensions
60 x 10 x 36 cm circa

**Prezzo dell'epoca /
Original Price**
64.000 lire / 33,00 euro circa

**Valore rivalutato /
Revalued Historical Price**
600,00 euro

**Impianto elettrico /
Electrical System**
Tre lampadine smerigliate E14
da 40 watt
Three 40-watt E14 frosted
bulbs

Modello Morgana in una foto d'archivio
Morgana model in an archive photo

Variante di Morgana per il mercato
americano con elementi curvi in
acciaio rivolti verso il basso. Forse
un prototipo pre serie
Morgana variant for the American
market with curved steel elements
facing downwards. Maybe a pre-
series prototype

Obelisco

La costruzione di questa rarissima piantana è veramente molto ingegnosa e alquanto complicata. Quattro pesanti cilindri in acciaio lucido sono ancorati a una base, sempre in acciaio, tramite quattro bulloncini sottili. L'impianto elettrico, con neon a baionetta, è sapientemente inserito all'interno di un tubo di metacrilato opalescente di diametro leggermente inferiore, appoggiato al centro, con i cavi di collegamento che passano attraverso cilindri metallici a scomparsa e con due contatti pin in ceramica. Lo speciale alimentatore sovradimensionato già menzionato, ancorato alla base, serve anche per stabilizzare l'altissima struttura ed evitare ribaltamenti. Ciascuno dei quattro cilindri metallici è collegato al cilindro di plexiglas tramite una piccola vite e un bulloncino alla base e alla sommità.

Data la difficoltà di costruzione, il costo dei materiali, la delicatezza e il peso della lampada, si ritiene che siano stati prodotti al massimo quaranta esemplari. Tra le più importanti e rare lampade costruite dai laboratori Newlamp, Obelisco rappresenta, appunto, una sorta di colonna proveniente dal futuro. Se l'effetto di giorno è maestoso, al buio tutto è esaltato dalla luce che traspare quasi magicamente dal suo interno per l'intera l'altezza.

The construction of this extremely rare floor lamp is truly ingenious and quite complicated. Four heavy polished steel cylinders are anchored to a base, also made of steel, by means of four thin bolts. The electrical system, with bayonet neon, is cleverly inserted inside an opalescent methacrylate tube with a slightly smaller diameter, placed in the centre, with the connecting cables passing through concealed metal cylinders and with two ceramic contacts The above-mentioned oversized ballast, anchored to the base, also serves to stabilise the very high structure, and prevent it from tipping over. Each of the four metal cylinders is connected to the Plexiglas cylinder via a small screw and bolt at the base and top. Given the difficulty of construction, the cost of the materials, the fragility, and the weight of the lamp, it is believed that they were manufactured at maximum forty pieces. Among the most important and rarest pieces built by the Newlamp workshops, Obelisco represents a sort of column from the future. If the effect by day is majestic, in the dark everything is enhanced by the light that almost magically radiates from the inside and throughout its height.

Designer / Designers
Gianfranco Fini e / and
Fabrizio Cocchia

**Anno di produzione /
Year of Production**
1969-1972

Misure / Dimensions
h 190 cm circa, Ø 36 cm circa

**Prezzo dell'epoca /
Original Price**
152.000 lire / 80,00 euro circa

**Valore rivalutato /
Revalued Historical Price**
1410,00 euro

**Impianto elettrico /
Electrical System**
Neon slim line 1x72T12 con alimentatore ERC Italy tipo 630378 125-160-220 volt e condensatore ERC filtro rc (antidisturbo radio) 675 volt
Neon slim line 1x72T12 with ERC Italy ballast, 630378 type (125-, 160-, and 220-volt), and 675-volt ERC capacitor with RC filter (radio interference suppression)

Dettaglio dell'impianto elettrico con alimentatore ERC Italy tipo 630378 125-160-220 volt e condensatore ERC filtro rc (antidisturbo radio) 675 volt
Detail of the electrical system with ERC Italy power supply type 630378 125-160-220 volt and ERC capacitor rc filter (radio interference suppression) 675 volt

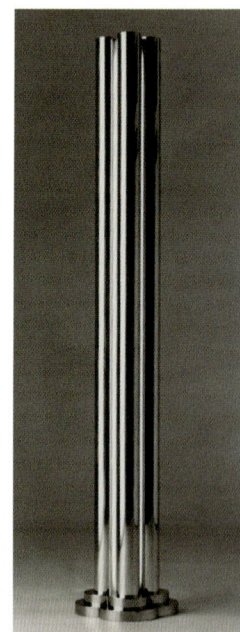

Modello Obelisco in una foto d'archivio
Obelisco model in an archive photo

OBELISCO

Serie fotografica realizzata
presso il lago di Bracciano
a cura di Gianni Vento
Photographic series taken
at Lake Bracciano curated
by Gianni Vento

A fronte / Opposite
Modello Obelisco in una foto
tratta da I. Vercelloni, *1970-1980.*
Dal design al post design.
I migliori mobili, le lampade
più belle degli ultimi dieci anni,
Condé Nast, Milano 1980
Obelisco model in one photo
taken by I. Vercelloni, *1970-1980.*
Dal design al post design.
I migliori mobili, le lampade
più belle degli ultimi dieci anni,
Condé Nast, Milan 1980

Olga

La base in plexiglas trasparente ospita un cilindro in alluminio verniciato nero con il portalampada incorporato.
Sulla base delle informazioni dell'Archivio Newlamp, si ritiene che sia stato prodotto un solo prototipo mai entrato in produzione.

The transparent Plexiglas base houses a black painted aluminium cylinder with a built-in lamp holder.
Based on information from the Archivio Newlamp, it is believed that only a prototype was made, which never went into production.

Designer / Designers
Mario Vento

Anno di produzione / Year of Production
1969

Misure / Dimensions
Sconosciute
Unknown

Prezzo dell'epoca / Original Price
Sconosciuto
Unknown

Valore rivalutato / Revalued Historical Price
Sconosciuto
Unknown

Impianto elettrico / Electrical System
Lampadina Maxiglobus Tungsram argento E27 da 35 watt
Maxiglobus Tungsram silver E27, 35 watt bulb

Osaka

La base della lampada è realizzata in plexiglas nero, mentre la struttura è in plexiglas speciale 125 per una resa luminosa migliore.

Questo set di tre grandi lampade-scultura è stato disegnato dagli architetti Fini e Cocchia contemporaneamente all'ideazione del padiglione italiano all'Esposizione Universale che si svolse a Osaka, in Giappone, dal 15 marzo al 13 settembre 1970. Il progetto concorse, ma non fu scelto; la competizione fu vinta da Tommaso e Gilberto Valle. Inizialmente fu realizzato un prototipo senza la base nera (che si può osservare nello spot della Birra Peroni del 1971), ma da vicino la parte interna dell'impianto elettrico era troppo visibile, motivo per cui gli architetti e Mario Vento decisero di realizzare un secondo prototipo definitivo con la base nera in grado di nascondere la fonte luminosa. Quest'ultimo modello risulta più alto rispetto alla prima versione. È noto che il laboratorio Newlamp incontrò notevoli difficoltà per realizzare una struttura verticale stabile nonostante la forte inclinazione laterale; inoltre, dati la dimensione, il peso e il costo eccessivo dei materiali, nonché sulla base delle informazioni tratte dall'Archivio Newlamp, si ritiene che sia stato prodotto un solo prototipo del trittico, senza la base nera, e un solo trittico definitivo con la base nera.

The base of the lamp is made of black Plexiglas, while the structure is built from special Plexiglas 125 for a better lighting.

This set of three large sculptural lamps was conceived by architects Fini and Cocchia while designing the Italian pavilion at the World Expo, which took place in Osaka, Japan, from 15 March to 13 September 1970. The project competed but was not chosen; Tommaso and Gilberto Valle won the competition.

Initially, a prototype without the black base (which can be seen in the 1971 Birra Peroni commercial) was made, but from up close, the internal electrical components were too visible. For this reason, the architects and Mario Vento decided to create a second definitive prototype with a black base to conceal the light source. The latter model is taller than the first version. It is known that the Newlamp workshop encountered considerable difficulties in realising a stable vertical structure despite the strong lateral inclination; moreover, given the size, weight, and excessive cost of the materials, as well as based on information from the Archivio Newlamp, it is believed that only a prototype of the triptych without the black base was produced, along with a definitive triptych with the black base.

Designer / Designers
Gianfranco Fini e / and Fabrizio Cocchia

Anno di produzione / Year of Production
1969

Misure / Dimensions
134 x 40 x 22 cm circa (grande / large)
114 x 35 x 22 cm circa (media / medium)
sconosciute / unknown (piccola / small)

Prezzo ipotizzato / Estimated price
56.000 lire cad. / each

Valore rivalutato / Revalued Historical Price
520,00 euro cad. / each

Impianto elettrico / Electrical System
Quattro tubi al neon con alimentatori istantanei
Four neon tubes with instant-start ballasts

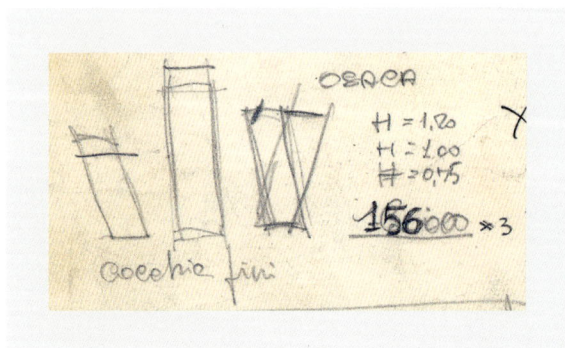

La lampada Osaka ripresa in uno spot televisivo, 1971
The Osaka lamp shown in a television advertisement, 1971

Raro esemplare di Osaka
nella versione definitiva
Rare example of Osaka
in the final version

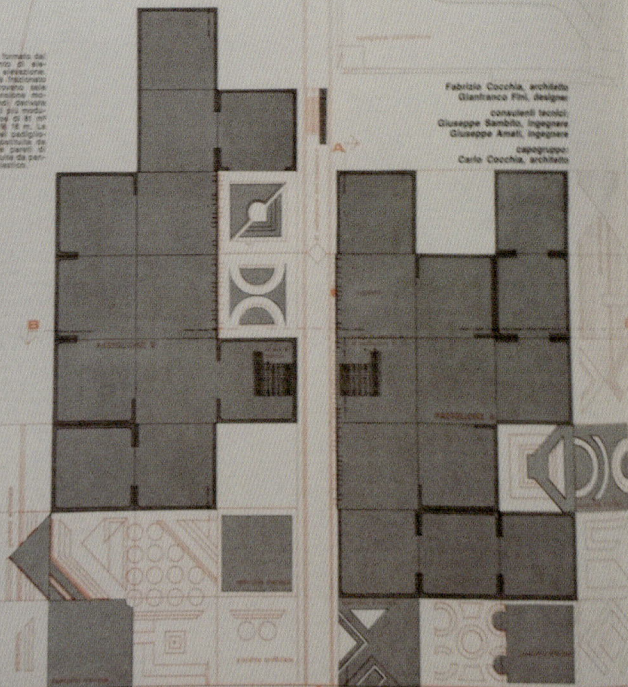

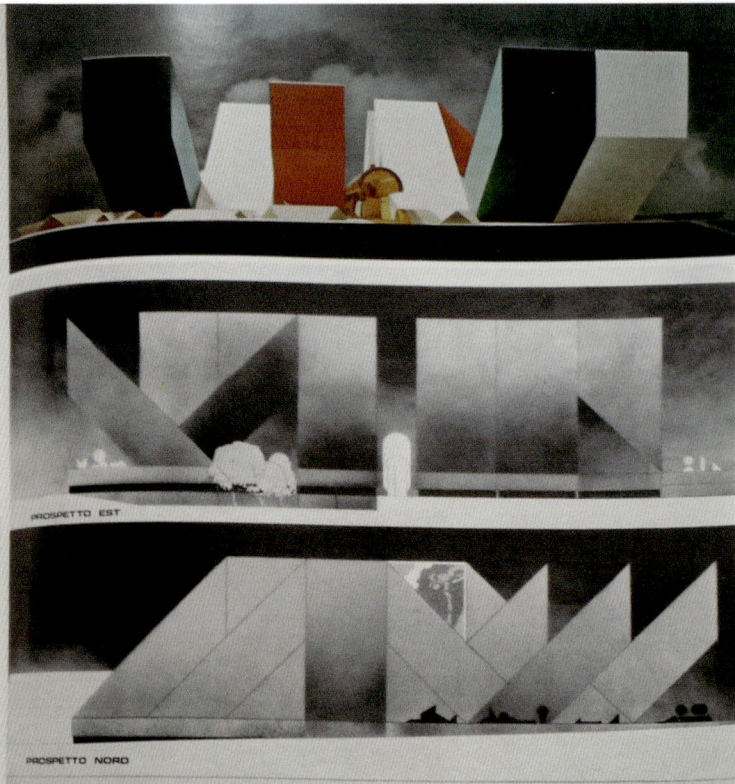

PER OSAKA
PROGETTI DI CONCORSO PER IL PADIGLIONE ITALIANO

Articolo *Per Osaka. Progetti di concorso
per il Padiglione Italiano*, in ˝Domus˝,
giugno 1969
Article "Per Osaka. Progetti di concorso
per il Padiglione Italiano",
in *Domus*, June 1969

Plastico del progetto dei padiglioni
italiani all'Expo 1970 a cura degli
architetti Fabrizio Cocchia e Gianfranco
Fini in concorso per l'Expo 1970 a Osaka
Model of the project of the Italian
pavilions at Expo 1970 by architects
Fabrizio Cocchia and Gianfranco Fini
in competition for Expo 1970 in Osaka

Periscopio

La struttura è uno scatolato di alluminio 10 x 10 cm verniciato bianco opaco giallo o arancione.
Due parti sono fisse, mentre una terza è basculante per orientare la luce.
Negli anni la lampada è stata rivista, aggiornata e modificata, per cui è ancora possibile trovare delle varianti che presentano però delle piccole differenze. Addirittura, risulta una versione con la radio AM/FM incorporata e antenna interna e ghiera girevole per cambiare frequenza.
Sulla base delle informazioni dell'Archivio Newlamp, si ritiene che ne siano stati prodotti al massimo cinquanta esemplari in tutte le versioni e colori.

The structure consists of a 10 x 10 cm aluminium box painted matt white, yellow, or orange.
Two parts are fixed, while a third is adjustable to direct the light.
Over the years, the lamp has been revised, updated, and modified, so that it is still possible to find variants, but with small differences.
There is even a version with a built-in AM/FM radio, featuring an internal antenna and a rotary dial to change frequencies.
Based on information from the Archivio Newlamp, it is believed that a maximum of fifty pieces were produced, in all versions and colours.

Designer / Designers
Ingrid Hjalmarson
(Studio Newlamp e /
and Mario Vento)

**Anno di produzione /
Year of Production**
1969-1972

Misure / Dimensions
32/34 x 16/17 x 8 cm circa

**Prezzo dell'epoca /
Original Price**
30.000 lire / 15,50 euro circa
48.000 lire / 25,00 euro circa
(versione con radio / radio version)

**Valore rivalutato /
Revalued Historical Price**
280,00 euro
445,00 euro (versione con radio / radio version)

**Impianto elettrico /
Electrical System**
Lampadina mignon da 40 watt
40-watt miniature bulb

Modello Periscopio in una foto d'archivio
Periscopio model in an archive photo

Programma (Cento finestre)

Tra le più belle sculture luminose realizzate da Newlamp, può essere considerata una delle più affascinanti creazioni luminose di tutti i tempi. La struttura è realizzata in acciaio lucido con un pannello in metacrilato bianco latte ad alta resa per la diffusione della luce. Una griglia interna con lamine in acciaio ospita cento sportellini apribili, anch'essi in acciaio lucido. Ogni finestrella si può aprire, anche solo parzialmente, per far passare la luce. Uno speciale interruttore nero è inserito nella struttura lateralmente in basso.
Come ricorda Luciano Napoleoni, un primo prototipo fu realizzato per essere presentato al Salone del Mobile nel 1969, ma al momento di caricarlo sul camion per trasportarlo a Milano, si rovesciarono tutte le finestrelle. Fu dunque modificato all'ultimo momento per poter essere esposto.

▶▶▶

Among the most beautiful sculptural lamps made by Newlamp, it can be considered a very fascinating lighting product.
The structure is made of polished steel with a high-performance milk-white methacrylate panel for light diffusion. An internal grid with steel sheets houses one hundred adjustable openings, also made of polished steel. Each small window can be opened partially to let the light through. A special black switch is inserted laterally into the bottom of the structure.
As Luciano Napoleoni recalls, a first prototype was made to be presented at the Salone del Mobile in 1969, but when it was loaded onto the lorry to be transported to Milan, all the little windows fell out. It was therefore modified at the last moment to be exhibited.

▶▶▶

Designer / Designers
Gianfranco Fini

Anno di produzione / Year of Production
1969-1972

Misure / Dimensions
104 x 104 x 15 cm

Prezzo dell'epoca / Original Price
280.000 lire / 145,00 euro circa

Valore rivalutato / Revalued Historical Price
2600,00 euro

Impianto elettrico / Electrical System
Quattro tubi al neon con alimentatori istantanei
Four neon tubes with instant-start ballasts

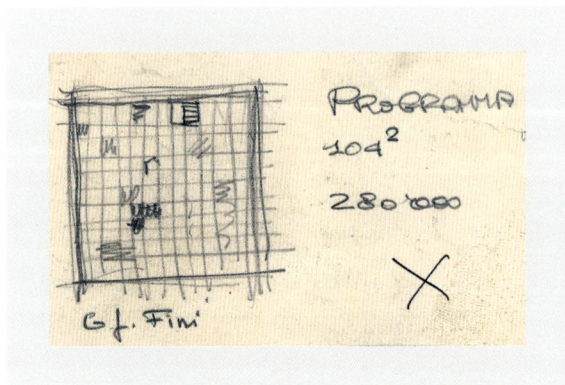

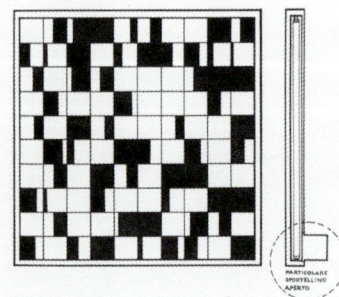

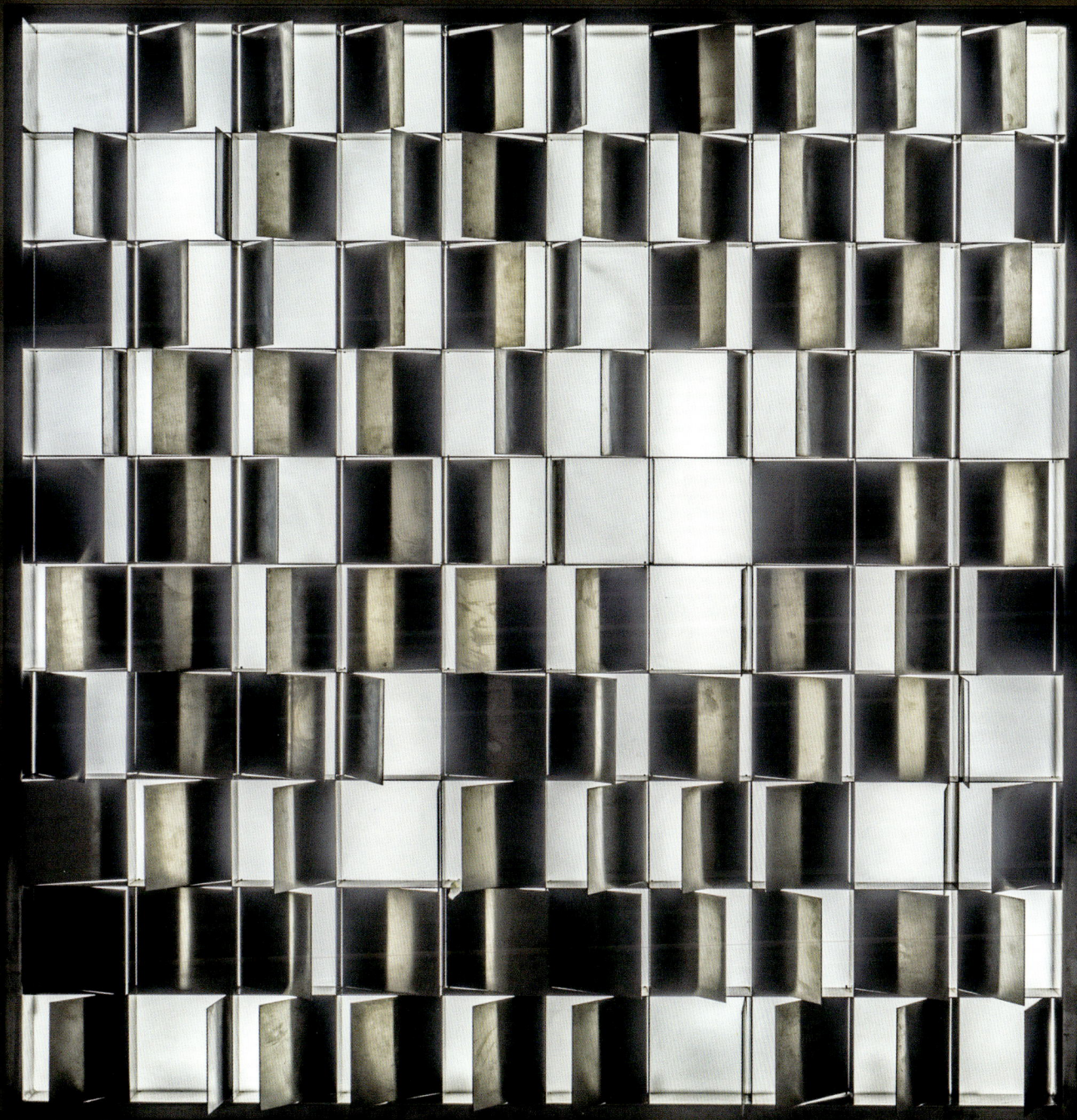

A causa dell'elevato costo del pannello luminoso (e di conseguenza dell'alto prezzo di vendita), nonché sulla base delle informazioni ricavate dall'Archivio Newlamp, si ritiene che Programma sia stata prodotta al massimo in cento esemplari originali. Sfortunatamente, un modello originale è stato smontato e negli anni ne sono state ricavate numerose copie. L'Archivio Newlamp dispone di due esemplari completamente originali ed è in grado di verificare con esattezza quali modelli siano contraffazioni moderne, verificando le misure interne ed esterne, i fori, le viti, i materiali utilizzati, gli impianti elettrici fino ai dettagli.

Due to the high cost of the light panel (hence the high selling price), and based on information from the Archivio Newlamp, it is believed that Programma was produced in a maximum of one hundred original pieces. Unfortunately, an original model it was dismantled and numerous copies have been made over the years. The Archivio Newlamp owns two original pieces and is able to accurately verify which models are modern counterfeits by checking its internal and external dimensions, holes, screws, materials used, electrical systems, and other details.

Particolare delle finestrelle aperte e veduta laterale della struttura
Detail of the open windows and side view of the structure

Quanta

La struttura è in metallo verniciato nero opaco, la cui parte anteriore è forata per ospitare 144 cilindretti di plexiglas trasparente satinato e tornito alla base con filettatura. A loro volta, i cilindretti sono fissati al pannello anteriore con speciali bulloni in ferro, sottili e leggeri. In questa lampada-scultura, tra le più belle realizzate da Newlamp, oltre che una delle più pregevoli creazioni luminose di tutti i tempi, la luce fuoriesce dalla struttura metallica che si mimetizza con la parete, come se uscisse direttamente dal muro solo attraverso gli elementi di plexiglas. Anche in questo modello, lo speciale interruttore Newlamp è integrato nella parte inferiore laterale della cornice metallica.

Già copiata, l'Archivio Newlamp possiede un esemplare completamente originale di Quanta con il quale verificare le molte incongruenze dei modelli falsi, dal tipo di plexiglas usato all'interruttore fino ai componenti elettrici e ai bulloni interni. A causa del peso, dei materiali e dell'assoluta delicatezza, nonché sulla base delle informazioni tratte dall'Archivio Newlamp, si ritiene che siano stati prodotti al massimo trenta esemplari originali.

The structure is made of matt black painted metal, the front of which is perforated to accommodate 144 frosted, transparent Plexiglas cylinders, threaded at the base. In turn, the small cylinders are fixed to the front panel with special thin and light iron bolts. In this sculptural lamp, one of the most beautiful pieces ever created by Newlamp and an exquisite lighting product, the light radiates from the metal structure that blends in with the wall, as if it were coming directly out of the wall only through the Plexiglas elements. Also in this model, the special Newlamp switch is integrated in the lower side of the metal frame.

Already copied, the Archivio Newlamp owns an original piece of Quanta through which to verify the many inconsistencies of the fake models, from the type of Plexiglas used to the switch; from the electrical components to internal bolts. Due to the weight, materials, and fragility, as well as based on information from the Archivio Newlamp, it is believed that a maximum of thirty original pieces were produced.

Designer / Designers
Gianfranco Fini

Anno di produzione / Year of Production
1969-1972

Misure / Dimensions
92,5 x 92,5 x 8 cm circa

Prezzo dell'epoca / Original Price
160.000 lire / 82,50 euro circa
aumentato a / increased at
210.000 lire / 108,50 euro circa

Valore rivalutato / Revalued Historical Price
1500,00 euro, aumentato
a / increased at 1950,00 euro

Impianto elettrico / Electrical System
Tre tubi al neon con tre alimentatori istantanei
Three neon tubes with three instant-start ballasts

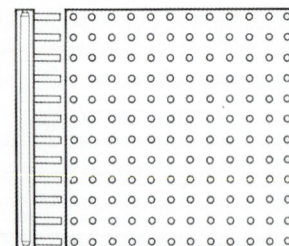

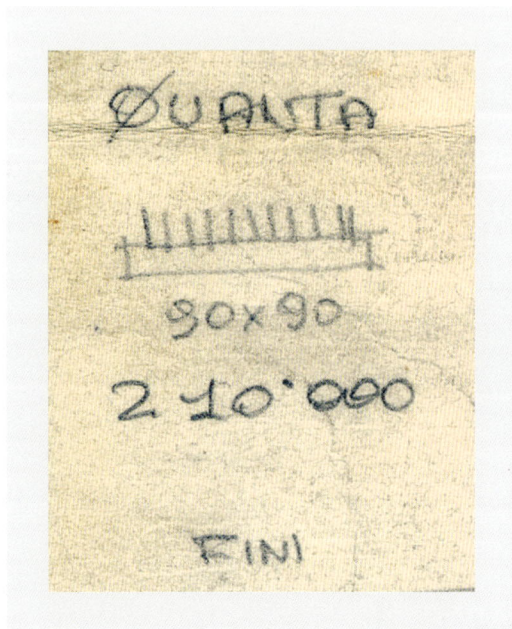

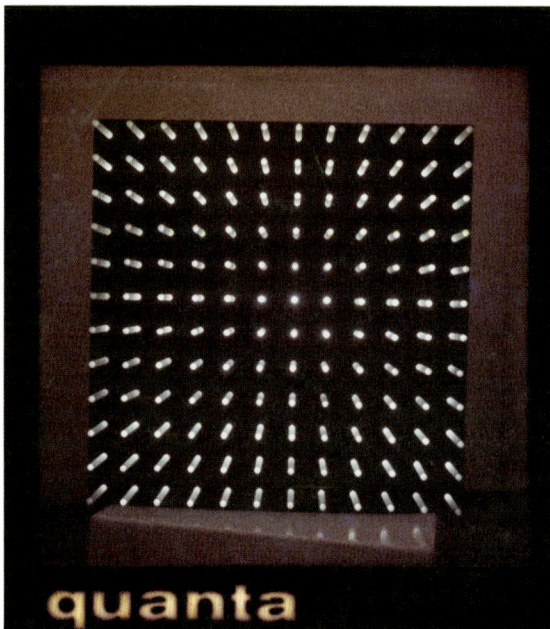

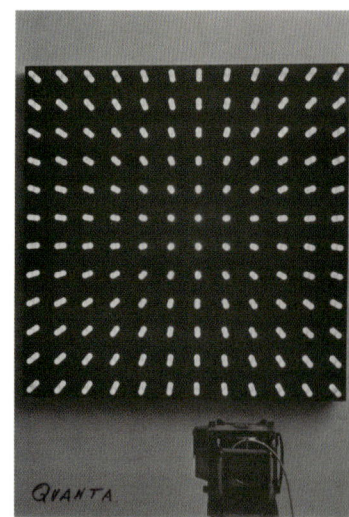

Modello Quanta in una foto d'archivio
Quanta model in an archive model

Quasar

La struttura è interamente realizzata da dischi di plexiglas opalino intersecati, per la cui realizzazione veniva usato il pantografo (per ricavare le reseche che servivano per incastrare i vari pezzi).
La versione più piccola era prodotta con uno speciale cavo più grosso e un attacco speciale (come per il modello Luna da soffitto da 60 centimetri) per poterla eventualmente appendere a soffitto.
La versione più rara, la Grande Wood, era costruita con un plexiglas trasparente ad alta portanza che assumeva un colore azzurrino con bordi sul tono del verde chiaro. Questa lampada-scultura è una delle più belle realizzate da Newlamp e riteniamo anche una delle più belle creazioni luminose di tutti i tempi.
La luce fuoriesce dalla struttura trasparente attraverso gli elementi di plexiglas, illuminando questo oggetto futuristico e, con lui, tutto l'ambiente circostante.
Anche questo modello è stato copiato in numerose versioni. L'Archivio Newlamp possiede un esemplare completamente originale sulla base del quale è possibile scoprire le molte incongruenze con i falsi.
Trattandosi di una scultura luminosa pesante, con molto materiale e delicata, in base alle informazioni possedute dall'Archivio Newlamp si ritiene che siano state prodotte al massimo cinquanta Quasar grandi bianche, sessanta piccole bianche e venti Grande Wood.

The structure is made entirely of intersecting opaline Plexiglas discs, for the construction of which the pantograph was used (to make the recesses needed to fit the various pieces together). The smaller version was produced with a special thicker cable and mount (like those of the 60-centimetre Luna pendant lamp) so that it could eventually be hung from the ceiling. The rarer version, the Grande Wood, was made of a highly resistant transparent Plexiglas that took on a light blue colour with edges in a light green tone. This sculptural lamp is one of the most beautiful made by Newlamp and it is considered one of the most exquisite lighting products of all time. The light emanates from the transparent structure through the Plexiglas elements, illuminating this futuristic object and, with it, its entire surrounding environment. This model has also been copied in numerous versions. The Archivio Newlamp owns an original piece through which to verify the many inconsistencies of the fake models. Since it was a heavy and fragile sculpture with a lot of materials, based on information from the Archivio Newlamp, it is believed that a maximum of fifty large white Quasar, sixty small white ones, and twenty Grande Wood lamps were produced.

Designer / Designers
Gianfranco Fini e / and Fabrizio Cocchia

Anno di produzione / Year of Production
1969-1972

Misure / Dimensions
Ø 80 cm (grande / large)
Ø 50 cm (piccola; anche versione da soffitto / small; also ceiling version)
Ø 80 cm (Grande Wood)

Prezzo dell'epoca / Original Price
152.000 lire / 78,50 euro circa (grande / large)
120.000 lire / 60,00 euro circa (piccola; anche versione da soffitto / small; also ceiling version)
200.000 lire / 100,00 euro, presunto / presumably (Grande Wood)

Valore rivalutato / Revalued Historical Price
1410,00 euro (grande / large)
700, 00 euro (piccola / small)
1860,00 euro, presunto / presumably (Grande Wood)

Impianto elettrico / Electrical System
Quattro lampadine E27 da 100 watt (grande)
Due lampadine E27 da 100 watt (piccola). La Grande Wood aveva un portalampada con attacco E27 e una speciale lampadina di forma anomala più grande di quella della Grande Wood viola
Four 100-watt E27bulbs (large)
Two 100-watt E27 bulbs (small)
Grande Wood featured a lamp holder with an E27 mount and a special, anomalously shaped bulb larger than that of the purple Grande Wood

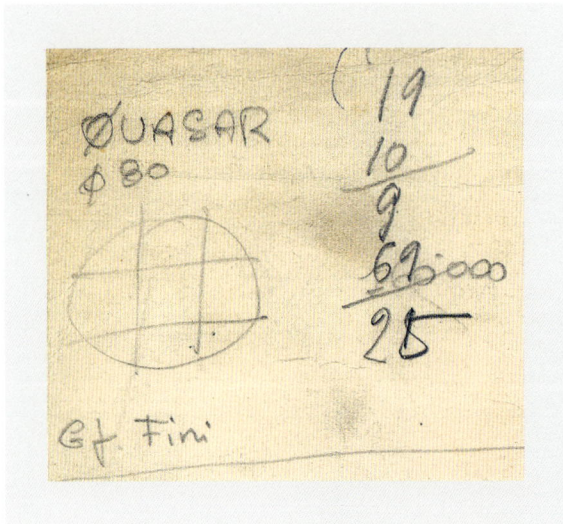

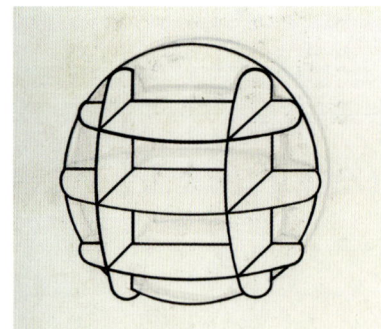

QUASAR

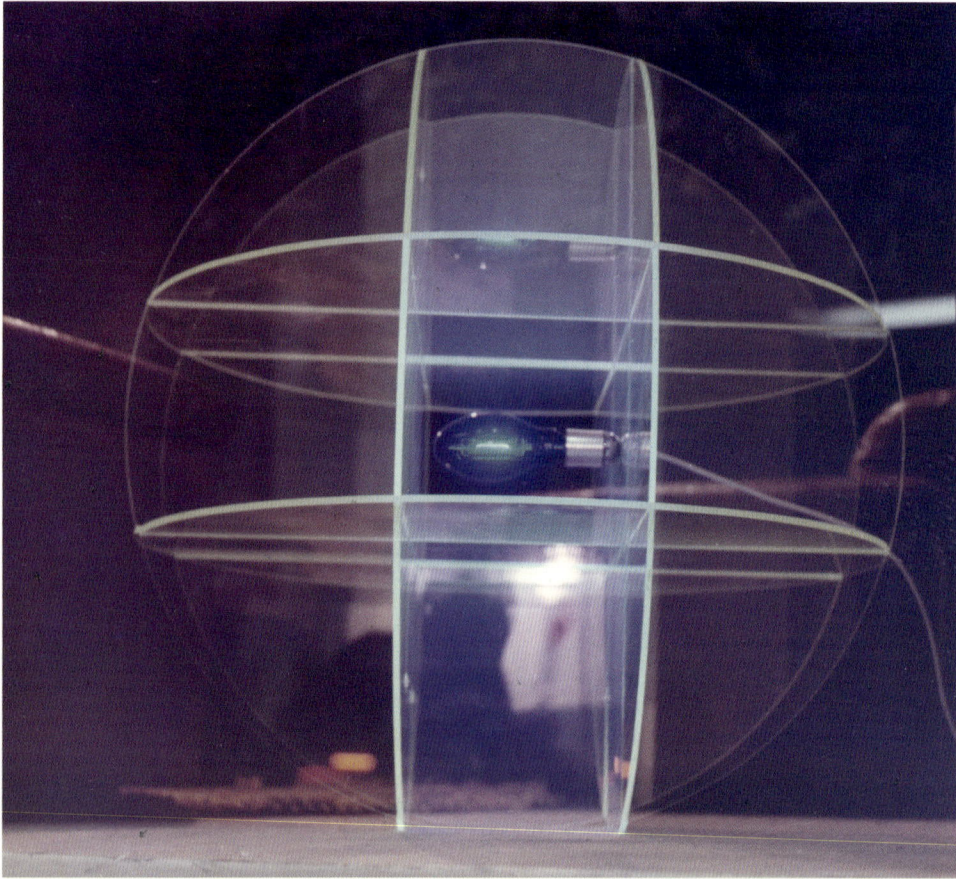

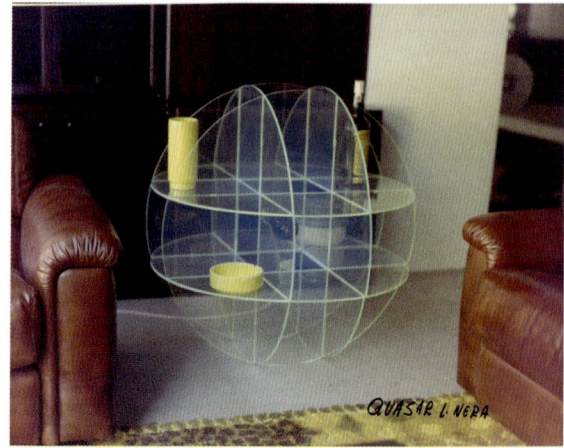

Vari modelli Quasar Wood in foto d'archivio
Different Quasar Wood models in archive photos

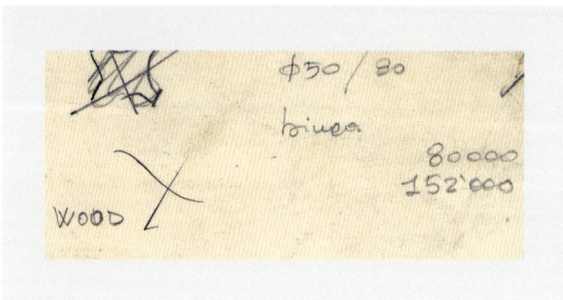

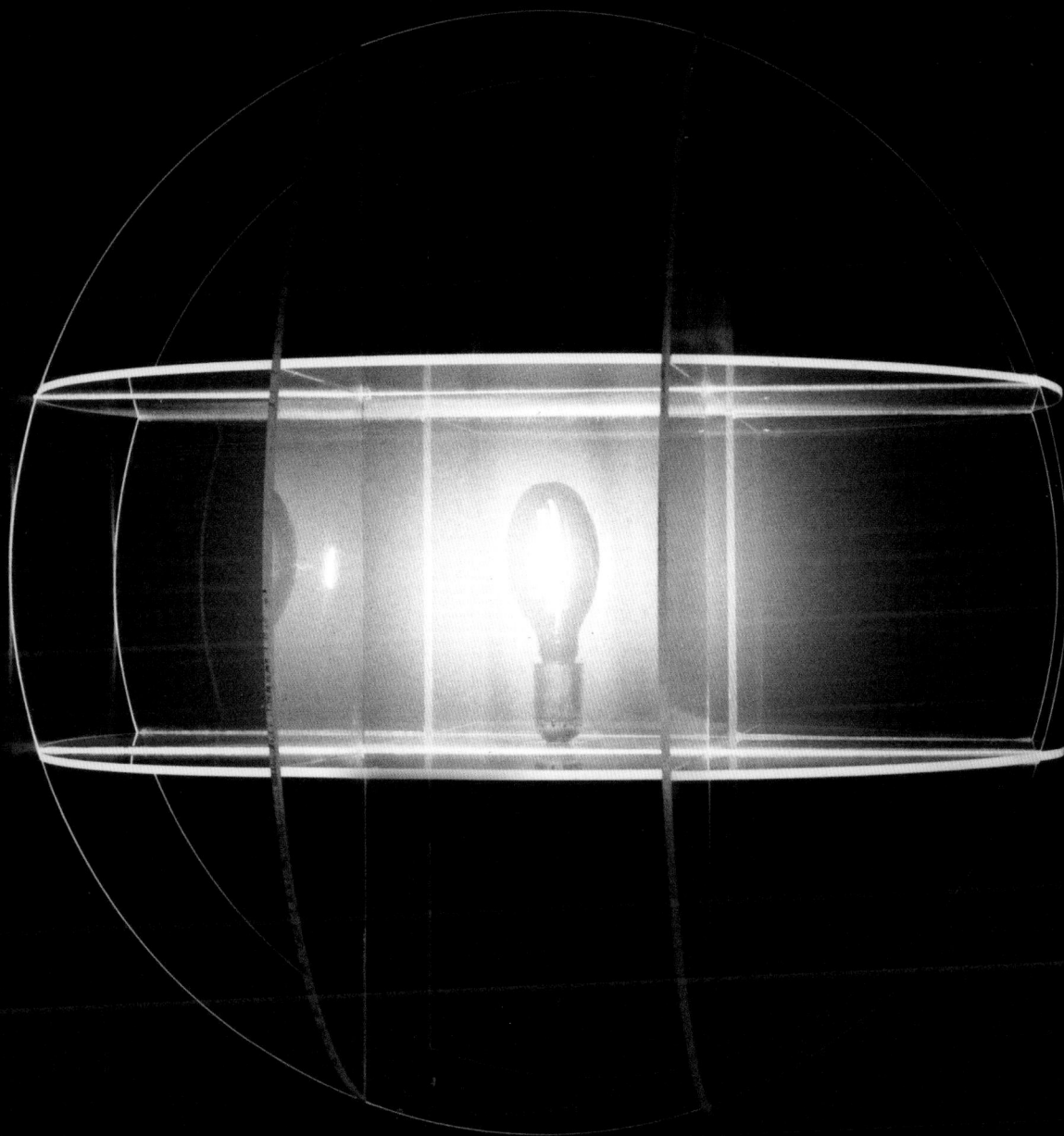

Modello Quasar Wood luce nera
Black light Quasar Wood model

Radar

Versione semplificata della Periscopio, Radar presenta una struttura con scatolato in alluminio 7 x 7 o 10 x 10 cm, verniciato in bianco, arancione, giallo, verde e blu. La lampada è divisa in due pezzi, di dimensioni diverse, uniti per mezzo di un'asticella d'acciaio. La parte superiore, più piccola, ospita la luce, basculante, per la lettura. Sulla base delle informazioni possedute dall'Archivio Newlamp, si ritiene che siano stati prodotti al massimo quaranta esemplari.

A simplified version of the Periscopio lamp, Radar has a 7 x 7 or 10 x 10 cm aluminium box structure painted white, orange, yellow, green, and blue. The lamp is divided into two pieces of different sizes, joined by means of a steel rod. The smaller top part houses the light, which can be adjusted for reading. Based on information from the Archivio Newlamp, it is believed that a maximum of forty pieces were produced.

Designer / Designers
Ingrid Hjalmarson
(Mario Vento e / and Studio Newlamp)

Anno di produzione / Year of Production
1969-1972

Misure / Dimensions
25 x 7 x 7 cm

Prezzo dell'epoca / Original Price
36.000 lire / 18,50 euro circa

Valore rivalutato / Revalued Historical Price
335,00 euro

Impianto elettrico / Electrical System
Lampadina a 12 volt con attacco a baionetta, trasformatore interno e radio FM con piccolo altoparlante interno
12-volt bulb with bayonet mount, internal transformer, and FM radio with small internal loudspeaker

Riflessa

La struttura scatolata è realizzata in acciaio lucido, tagliato in modo da formare un grande cerchio in ferro verniciato di bianco a cui sono attaccati magneticamente quattro cubi in alluminio lucido; all'interno di essi sono alloggiate potenti calamite di tipo nautico.
Le quattro fessure ricavate nella parte interna della struttura lasciano filtrare un raggio di luce come fosse proiettato verso il centro. I cubi possono essere posizionati a piacimento, creando una serie di riflessi lineari tra di loro e la cornice lucida.
Anche Riflessa è da considerarsi una delle più belle creazioni di Newlamp e una lampada-scultura tra le più originali e straordinarie nel panorama del design dell'arte in genere.
Sulla base delle informazioni che l'Archivio Newlamp possiede, si ritiene che siano stati prodotti al massimo quaranta esemplari originali. Molte di più sono le numerose copie di cui siamo venuti a conoscenza.

The box-shaped structure is made of polished steel, cut to form a large, white-painted iron circle to which four polished aluminium cubes are magnetically attached; inside of them are powerful nautical-type magnets.
The four slits in the internal part of the structure allow a ray of light to filter through as if projected towards the centre. The cubes can be positioned at will, creating a series of linear reflections between them and the polished frame. Riflessa is also to be regarded as one of Newlamp's most beautiful creations and one of the most original and extraordinary sculptural lamps in the art and design world.
Based on information from the Archivio Newlamp, it is believed that no more than forty original pieces were produced. Many more are the known counterfeits.

Designer / Designers
Gianfranco Fini

Anno di produzione / Year of Production
1969-1972

Misure / Dimensions
80 x 80 x 10 cm

Prezzo dell'epoca / Original Price
190.000 lire / 98,00 euro circa

Valore rivalutato / Revalued Historical Price
1770,00 euro

Impianto elettrico / Electrical System
Quattro lampadine mignon spot da 100 watt
Four 100-watt miniature spot bulbs

riflessa

Modello Riflessa in una foto d'archivio
Riflessa model in an archive photo

Dettagli della struttura
del modello Riflessa
Details of the Riflessa model
structure

Rosemarie

La struttura è composta da tre fogli di plexiglas trasparente curvati e uniti da apposite viti con distanziatori. Il portalampada è posto all'interno della composizione, così come la grande lampadina opalina a incandescenza.
Sulla base delle informazioni dell'Archivio Newlamp, si ritiene che questa scultura luminosa sia stata realizzata solo come prototipo.

The structure consists of three curved transparent Plexiglas sheets joined together by special screws with spacers. The lamp holder is placed inside the composition, as is the large opaline incandescent bulb.
Based on information from the Archivio Newlamp, it is believed that this sculptural lamp was only made as a prototype.

Designer / Designers
Mario Vento

**Anno di produzione /
Year of Production**
1969-1972

Misure / Dimensions
Sconosciute
Unknown

**Prezzo dell'epoca /
Original Price**
Sconosciuto
Unknown

**Valore rivalutato /
Revalued Historical Price**
Sconosciuto
Unknown

**Impianto elettrico /
Electrical System**
Lampadina E27 globo grande bianca
Large white E27 globe bulb

Satellite

La struttura è composta da diversi elementi circolari in perspex bianco, un cilindro in perspex trasparente che ospita la lampadina, e dei dischi, anch'essi bianchi e di dimensioni diverse, intorno a quest'ultimo.
Sulla base delle informazioni dell'Archivio Newlamp, si ritiene che questa scultura luminosa sia stata realizzata come prototipo e al massimo in dieci esemplari di varie misure.

The structure consists of several circular elements made of white Perspex, a transparent Perspex cylinder housing the bulb, and discs of different sizes, also white, around the latter.
Based on information from the Archivio Newlamp, it is believed that this sculptural lamp was made as a prototype and a maximum of ten pieces of various sizes were produced.

Designer / Designers
Ingrid Hjalmarson
(Mario Vento e / and Studio Newlamp)

Anno di produzione / Year of Production
1969-1970

Misure / Dimensions
Ø 50 cm (grande / large)
Ø 40 cm (piccola / small)

Prezzo dell'epoca / Original Price
48.000 lire / 25,00 euro circa (grande / large)
24.000 lire / 12,50 euro circa (piccola / small)

Valore rivalutato / Revalued Historical Price
445,00 euro (grande / large)
222,00 euro (piccola / small)

Impianto elettrico / Electrical System
Lampadina Edison bianca latte da 60 watt
60-watt milk-white Edison bulb

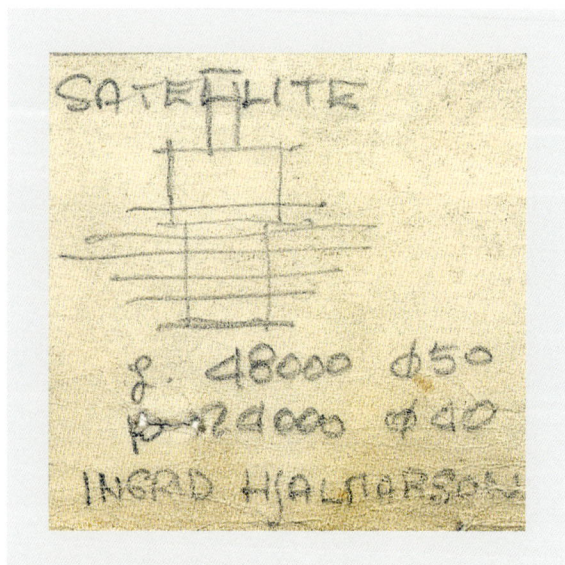

Screen

Due lamine in acciaio o in metallo verniciato, di misura diversa, sovrapposte e distanziate recanti quattro fori per alloggiare le lampadine costituiscono la struttura di questo pannello scultoreo, la cui luce viene riflessa dalla cupola argentata in maniera diffusa sul pannello esterno più piccolo, mentre in maniera più decisa dalla parte interna della stessa sul pannello posteriore più grande.
Sulla base delle informazioni che l'Archivio Newlamp possiede, si ritiene che siano stati realizzati solo un prototipo e forse al massimo ottanta esemplari di varie misure. Ancora oggi, si trova un notevole numero di produzioni moderne, facilmente identificabili come falsi per dimensioni, materiali, impianti elettrici, attacchi ecc.

The structure consists of two steel or painted metal sheets, of different sizes, overlapped and spaced apart, each featuring four holes to accommodate the light bulbs. This sculptural panel reflects light diffusely from the silvered dome onto the smaller external panel, while more distinctly onto the inner part of the larger rear panel.
Based on information from the Archivio Newlamp, it is believed that only one prototype and perhaps a maximum of eighty pieces of various sizes were produced. Even today, there are a considerable number of modern reproductions, easily identifiable as fakes due to differences in size, materials, electrical systems, mount, etc.

Designer / Designers
Gianfranco Fini e / and
Fabrizio Cocchia

**Anno di produzione /
Year of Production**
1969-1972

Misure / Dimensions
90 x 90 x 16 cm

**Prezzo dell'epoca /
Original Price**
130.000 lire / 67,00 euro
circa (acciaio inossidabile /
stainless steel)
90.000 lire / 46,50 euro circa
(metallo verniciato nero
o bianco / black and white
painted metal)

**Valore rivalutato /
Revalued Historical Price**
1200,00 euro (acciaio
inossidabile / stainless steel)
840,00 (metallo verniciato
nero o bianco / black and
white painted metal)

**Impianto elettrico /
Electrical System**
Quattro lampadine E27
cupola argentata da 100 watt
Four E27 silver dome 100-watt
bulbs

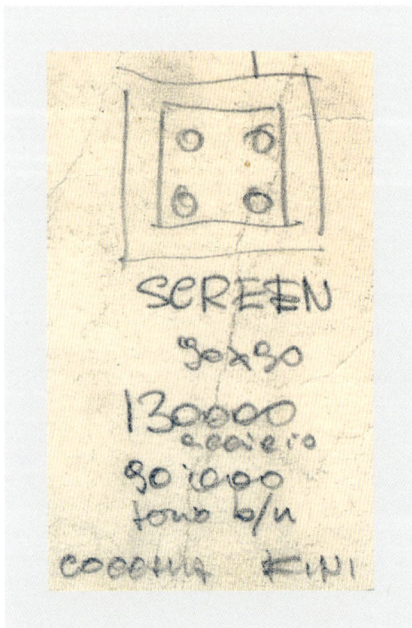

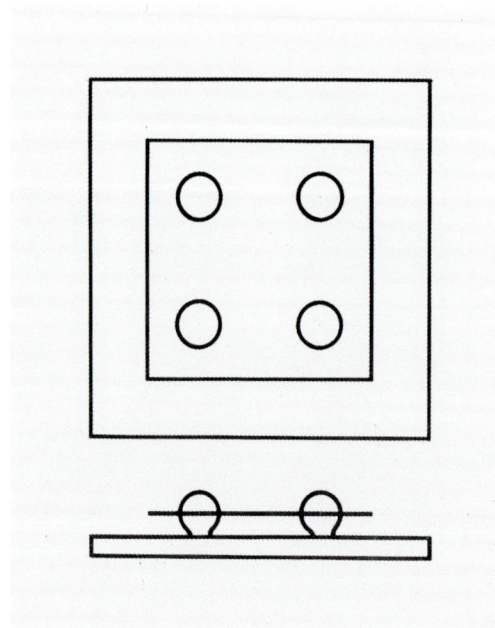

Modello Screen in una foto d'archivio
Screen model in an archive photo

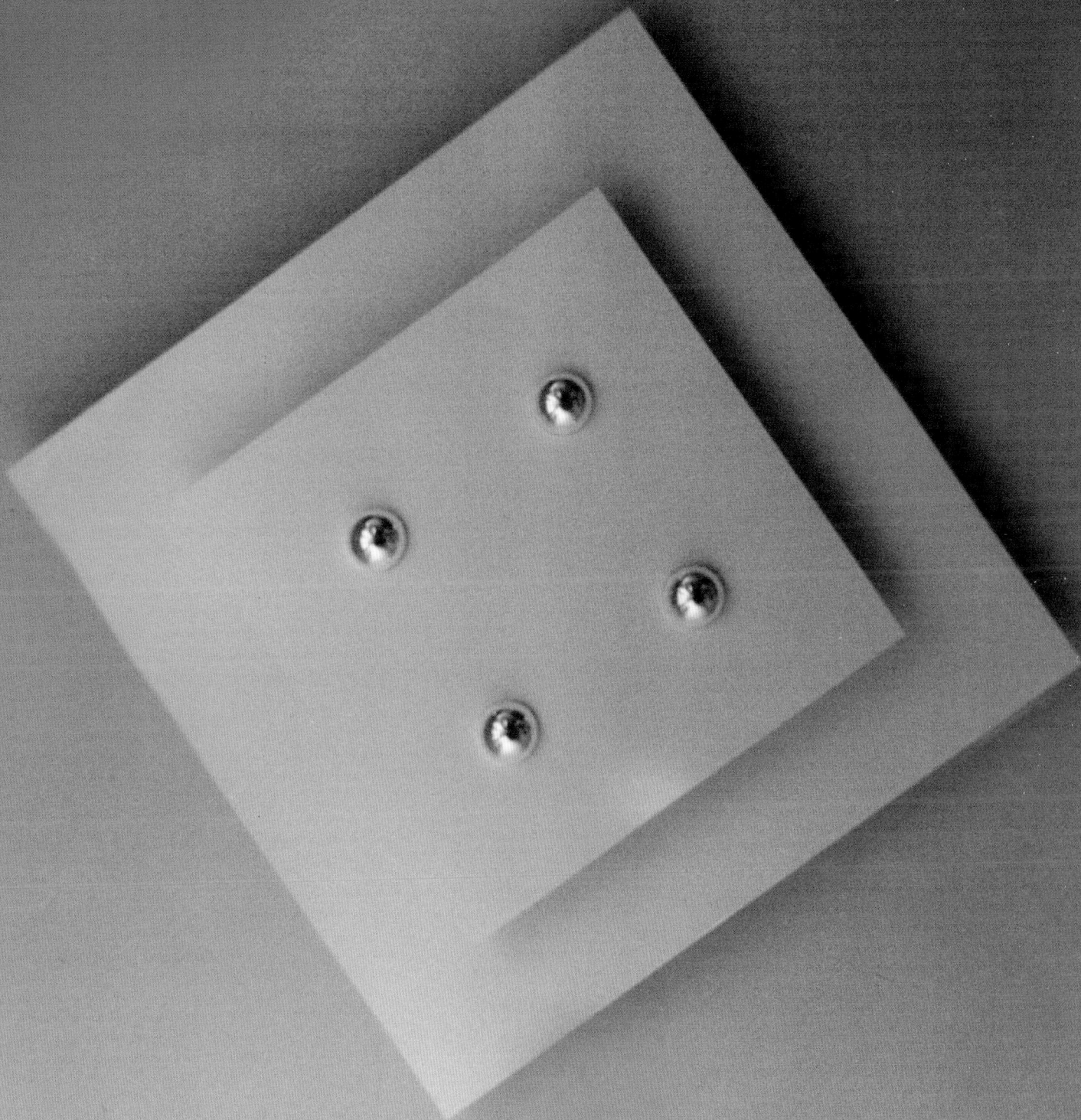

SCREEN

Scultura

La struttura è formata da una base di metallo, una barra filettata M12 e due bulloni, di cui uno cieco nella parte superiore per stringere il tutto. All'interno, un neon corre lungo tutta la barra filettata; una serie di lastre di plexiglas satinato in misure decrescenti converge verso il centro. Ciascuna lastra è forata al centro per ospitare la barra di sostegno e il tubo al neon. Al buio, il plexiglas opalescente si illumina per tutta la sua altezza, dando forma a una sorta di clessidra futuristica.

Luciano Napoleoni ricorda che dovettero allargare i fori delle tavole di plexiglas per far posto all'impianto neon e che, in ogni caso, emetteva poca luce. Si trattava più di un'opera d'arte che di una lampada. Infine, ricorda di non aver mai sentito il nome di Riccardo Meli.

Nonostante la produzione limitata a cento esemplari – almeno secondo le pubblicazioni ufficiali – sulla base della complessità della lavorazione, del costo del plexiglas all'epoca (e quindi dell'elevato prezzo finale), nonché da altre informazioni reperite presso l'Archivio Newlamp, si ritiene che siano stati prodotti un solo prototipo e non più di cinque esemplari in tutto. A oggi non esistono copie.

Questa particolare e unica scultura luminosa è stata presentata al Salone del Mobile di Milano nel 1971.

The structure consists of a metal base, an M12 threaded rod, and two bolts, one of which is blind at the top to tighten everything together. Inside, a neon tube runs along the entire threaded rod; a series of frosted Plexiglas plates in decreasing size converge towards the centre. Each of the plates is perforated in the centre to accommodate the support rod and the neon tube. In the dark, the opalescent Plexiglas emits light throughout its height, forming a sort of futuristic hourglass.

Luciano Napoleoni recalls that they had to widen the holes in the Plexiglas plates to make room for the neon system and that, in any case, it emitted little light. It was more of an artwork than a lamp. Finally, he remembers never having heard the name Riccardo Meli.

Despite the limited production of one hundred units – at least according to official publications – based on the complexity of the manufacturing process, the cost of Plexiglas at the time (hence the high final price), as well as information from the Archivio Newlamp, it is believed that only a prototype and five pieces in total were produced. No copies exist to date. This particular and unique sculptural lamp was presented at the Salone del Mobile in Milan in 1971.

Designer / Designers
Riccardo Meli (attr.)

Anno di produzione / Year of Production
1970-1971

Misure / Dimensions
70 x 40 x 40 cm circa

Prezzo dell'epoca / Original Price
152.000 lire / 80,00 euro circa

Valore rivalutato / Revalued Historical Price
1400,00 euro

Impianto elettrico / Electrical System
Lampada al neon
Neon lamp

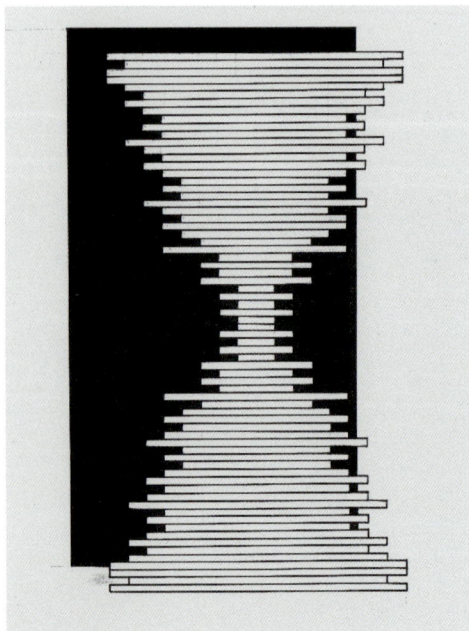

Stand Newlamp all'11° Salone del Mobile di Milano, 1971
Newlamp stand at the 11th Salone del Mobile in Milan, 1971

Shine

La struttura è composta da una lamina in spesso metallo verniciato, forata al centro per ospitare nove cilindretti di plexiglas trasparente. L'impianto elettrico è alloggiato all'interno di uno scatolato posto sul retro.
Sulla base delle informazioni che l'Archivio Newlamp possiede, si ritiene che siano stati prodotti solo un prototipo e forse cinque esemplari al massimo. Le riproduzioni moderne non originali sono facilmente identificabili come falsi per i materiali utilizzati, gli impianti elettrici, le misure, gli attacchi ecc.

The structure consists of a thick painted metal sheet, perforated in the centre to accommodate nine transparent Plexiglas cylinders. The electrical system is housed inside a box at the back.
Based on information from the Archivio Newlamp, it is believed that only a prototype and perhaps a maximum of five pieces were produced. Modern, non-original reproductions are easily identifiable as counterfeits due to the materials used, the electrical systems, dimensions, mounts, etc.

Designer / Designers
Mario Vento e / and Studio Newlamp

**Anno di produzione /
Year of Production**
1969-1972

Misure / Dimensions
90 x 90 cm circa

**Prezzo dell'epoca /
Original Price**
Sconosciuto
Unknown

**Valore rivalutato /
Revalued Historical Price**
Sconosciuto
Unknown

**Impianto elettrico /
Electrical System**
Neon con accensione istantanea
Neon with instant-start ballast

Sintesi

La struttura è composta da uno scatolato in metallo verniciato di bianco o grigio fumo e forato per ospitare delle sottili bacchette di plexiglas di colore bianco e nero.
Sulla base delle informazioni che l'Archivio Newlamp possiede, si ritiene che ne siano stati prodotti solo un prototipo e al massimo cinque esemplari. Non si è a conoscenza di riproduzioni non originali.

The structure consists of a metal box painted white or smoky grey and perforated to accommodate thin black and white Plexiglas rods. Based on information from the Archivio Newlamp, it is believed that only a prototype and a maximum of five pieces were produced. No reproductions or counterfeits are know.

Designer / Designers
Gianni Colombo

Anno di produzione / Year of Production
1969-1972

Misure / Dimensions
23 x 24 x 24 cm circa

Prezzo dell'epoca / Original Price
28.000 lire / 14,50 euro circa

Valore rivalutato / Revalued Historical Price
260,00 euro

Impianto elettrico / Electrical System
Lampadina mignon Mazda WE 14 bianca da 60 watt
Mazda WE 14 60-watt white miniature bulb

Slides

Composta da uno scatolato in metallo verniciato di nero, la struttura è forata nella parte superiore per ospitare delle spesse lastre di plexiglas trasparente di differente altezza e larghezza.
Sulla base delle informazioni reperite nell'Archivio Newlamp, si ritiene che siano stati realizzati solo un prototipo e cinque esemplari al massimo.
Al momento non esistono riproduzioni del modello Slides.

Consisting of a black-painted metal box, the structure is perforated at the top to accommodate thick, transparent Plexiglas sheets of different height and width.
Based on information from the Archivio Newlamp, it is believed that only a prototype and a maximum of five pieces were produced. There are currently no reproductions of the Slides model.

Designer / Designers
Mario Vento e / and Studio Newlamp

Anno di produzione / Year of Production
1969-1970

Misure / Dimensions
Sconosciute
Unknown

Prezzo dell'epoca / Original Price
Sconosciuto
Unknown

Valore rivalutato / Revalued Historical Price
Sconosciuto
Unknown

Impianto elettrico / Electrical System
Sconosciuto
Unknown

Stand Newlamp all'11° Salone
del Mobile di Milano, 1971
The Newlamp stand at the 11th
Salone del Mobile in Milan, 1971

Spaziale

La struttura è composta da uno scatolato in acciaio lucido e forato a fessure nella parte superiore per ospitare sottili lastre di plexiglas trasparente, le quali si inseriscono poi anche in speciali alloggi creati all'interno della base. Il plexiglas ad alta resa utilizzato si illumina in maniera diffusa lungo la struttura ma più intensamente intorno ai bordi, creando ciò che Mario Vento descrive sul catalogo fotografico come un "effetto spaziale".
Sulla base delle informazioni tratte dall'Archivio Newlamp, si ritiene che siano stati eseguiti al massimo sessanta esemplari. Considerata più un'opera d'arte luminosa che un oggetto di illuminazione e tra gli oggetti più belli realizzati da Newlamp, non se ne conoscono riproduzioni.
Difficile comunque trovare un esemplare che abbia conservato funzionante la serpentina di vetro che, con il tempo, l'usura e gli urti, può essersi facilmente rotta. La stessa cosa vale per il trasformatore chiuso all'interno dell'interruttore metallico che, senza una buona aerazione, può essersi bruciato con l'uso.

The structure consists of a polished steel box perforated with slits at the top to accommodate thin, transparent Plexiglas sheets, which in turn are fit into special compartments inside the base. The high-performance Plexiglas provides a diffuse light along the structure and a more intense illumination around the edges, creating what Mario Vento describes in the photographic catalogue as a "spatial effect".
Based on information from the Archivio Newlamp, it is believed that a maximum of sixty pieces were produced. Considered more of an artwork than a lighting project, among the most beautiful objects created by Newlamp, there are no known reproductions of it. However, it is difficult to find a piece that has preserved the glass coil intact over time, as it may have been easily broken due to wear and tear or impacts. The same applies to the transformer enclosed within the metal switch, which may have burned out without proper ventilation.

Designer / Designers
Gianfranco Fini

Anno di produzione / Year of Production
1969-1972

Misure / Dimensions
73 x 28 x 28 cm

Prezzo dell'epoca / Original Price
90.000 lire / 46,50 euro circa

Valore rivalutato / Revalued Historical Price
840,00 euro

Impianto elettrico / Electrical System
Serpentina di vetro soffiato con all'interno gas neon trasparente o verde. Grande interruttore scatolato in metallo con grande interruttore scatolato in metallo con grande pulsante circolare in plastica dura, che ospita l'alimentatore per il neon (come per Labirinto e Quasar Wood)
Blown glass coil with transparent or green neon gas inside. Large box-shaped metal switch with large round hard plastic button housing the neon ballast (like in the Labirinto and Quasar Wood models)

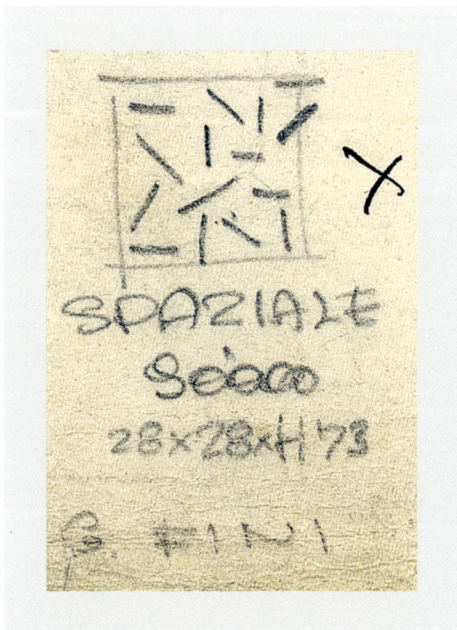

Dettaglio della parte interna in una seconda serie con alloggi di metallo per bloccare le lastre di plexiglas
Detail of the internal part in a second series with metal housings to block the Plexiglas sheets

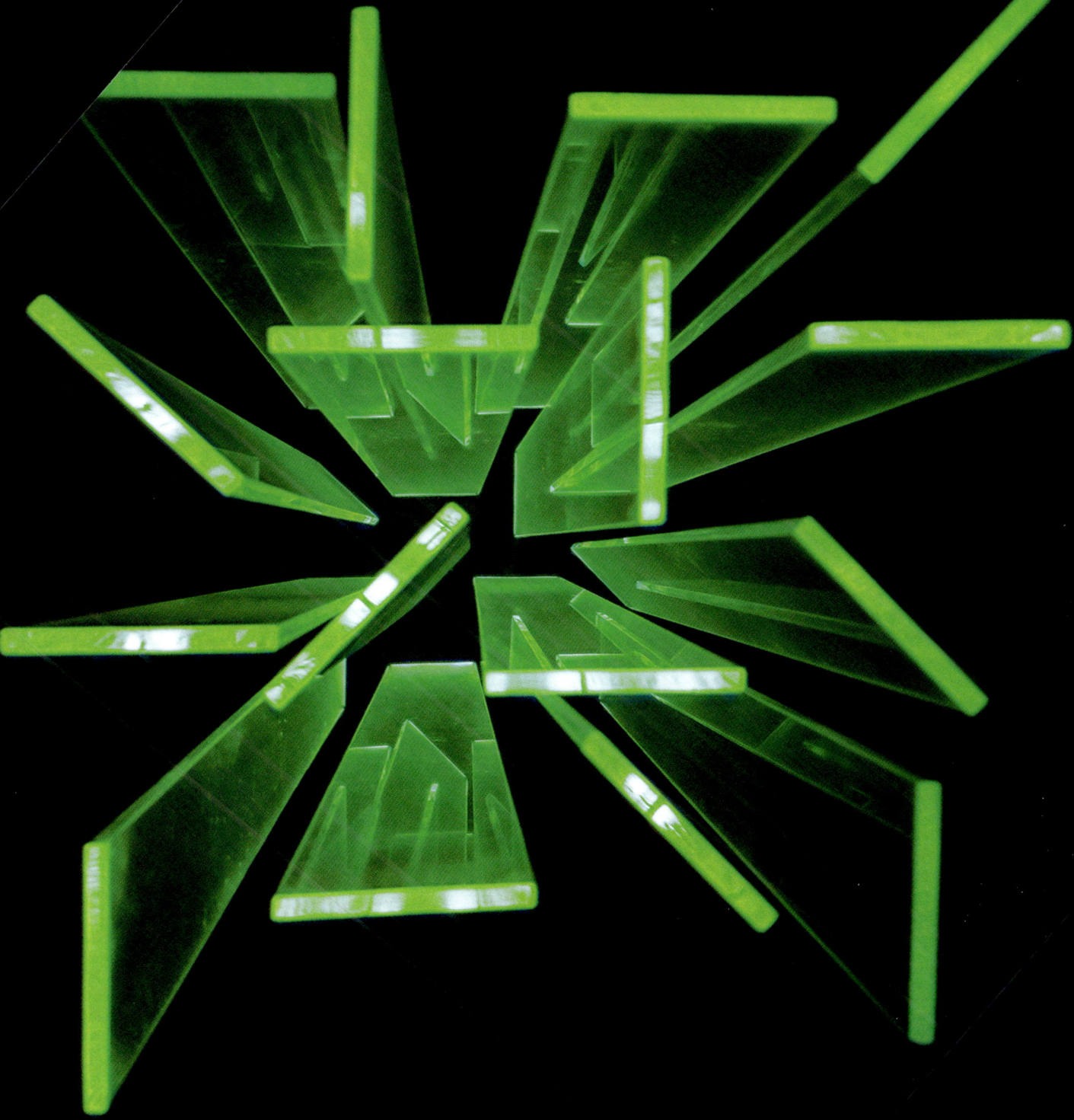

Spirale

Si tratta di una costruzione molto semplice: una lastra di alluminio di grande spessore (tra i 4,5 e i 5 mm) veniva piegata con il calore e tagliata in modo da reggersi in piedi, formando una spirale, con la parte superiore più pronunciata come a simulare il cappello di un abat-jour. La lastra veniva poi verniciata, esclusivamente nei colori bianco opaco, arancione opaco e nero opaco. Due lampadine, coperte sulla parte interna superiore da uno speciale portalampada verniciato dello stesso colore, emettevano la luce con un ricercato effetto luminoso, riflettendo figure geometriche e permeando l'ambiente di ombre soffuse.
Sulla base delle informazioni tratte dall'Archivio Newlamp, si ritiene che il modello sia stato prodotto al massimo in duecento esemplari.

This is a very simple construction: a thick aluminium plate (between 4.5 and 5 mm) was folded with heat to stand upright, forming a spiral, with a taller top part as if to simulate the hat of a lampshade. The plate was then painted, exclusively in matt white or matt orange.
Two bulbs, covered on the upper inner part by a special lamp holder painted in the same colour, emitted light with a refined lighting effect, reflecting geometric figures and flooding the environment with soft shadows.
Based on information from the Archivio Newlamp, it is believed that a maximum of two hundred pieces of this model were produced.

Designer / Designers
Ingrid Hjalmarson (Studio Newlamp di Mario Vento)

Anno di produzione / Year of Production
1969-1972

Misure / Dimensions
h 50 cm, Ø 36 cm

Prezzo dell'epoca / Original Price
48.000 lire / 25,00 euro circa

Valore rivalutato / Revalued Historical Price
445,00 euro

Impianto elettrico / Electrical System
Due lampadine mignon in vetro bianco latte da 40 watt
Two 40-watt milk-white miniature glass bulbs

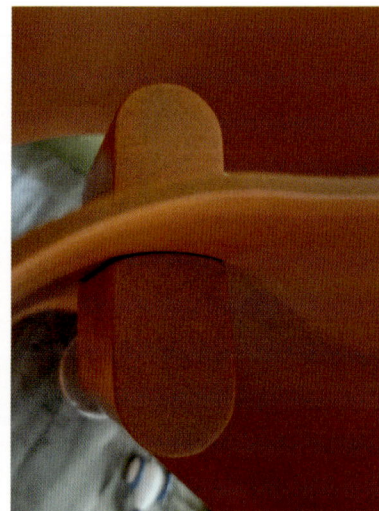
Dettaglio dello speciale portalampada
Detail of the special lamp holder

Telescopio

Sulla base, costituita da un pesante blocco di marmo bianco di Carrara sagomato, poggia un coperchio forato al centro, sempre dello stesso marmo, in cui si inseriscono quattro tubi di acciaio, come un'antenna telescopica, fermati all'interno per mezzo di mollette. In cima all'asta telescopica sono posizionate tre calotte semisferiche – due in alluminio spazzolato e la più piccola in metacrilato bianco latte – di misura decrescente e distanziate da spessori in acciaio, che ruotano una sull'altra sull'asse a 360°. A seconda di come si desidera posizionare le due sfere più esterne, l'effetto desiderato è quello di riprodurre le fasi lunari. Da piena fino all'eclissi totale, la luna entra nei salotti, rappresentando un'opera d'arte, una vera e propria scultura luminosa in costante mutazione.

Dato il peso eccessivo, il costo del marmo e, di conseguenza, l'elevato prezzo finale, Telescopio è stata prodotta solo per il primo anno e presto dismessa. Sulla base delle informazioni dell'Archivio Newlamp, si ritiene che siano stati realizzati al massimo trenta esemplari. Di questo modello non esistono riproduzioni.

Resting on the base, made of a heavy block of shaped white Carrara marble, is a cover perforated in the centre, also of the same marble, into which four steel tubes, like a telescopic antenna, are inserted; these are held inside by clips. At the top of the telescopic rod are three hemispherical caps – two made of brushed aluminium and the smallest one of milk-white methacrylate – of decreasing size and featuring steel spacers, one on top of the other, that rotate on their axis at 360°. Depending on how one wishes to position the two outer spheres, the desired effect is to reproduce the lunar phases. From full Moon to total eclipse, the Moon enters living rooms thanks to this ever-changing sculptural lamp.

Due to the excessive weight, the cost of the marble and, consequently, the high final price, Telescopio was only produced only for the first year and soon discontinued. Based on information from the Archivio Newlamp, it is believed that a maximum of thirty pieces were made. No reproductions exist of that model.

Designer / Designers
Ingrid Hjalmarson
(Mario Vento e / and Studio Newlamp)

Anno di produzione / Year of Production
1969-1970

Misure / Dimensions
h 170 cm circa, Ø 23 cm circa (base)

Prezzo dell'epoca / Original Price
110.000 lire / 57,00 euro circa

Valore rivalutato / Revalued Historical Price
1020,00 euro

Impianto elettrico / Electrical System
Lampadina mignon bianco latte da 60 watt
60-watt milk-white miniature bulb

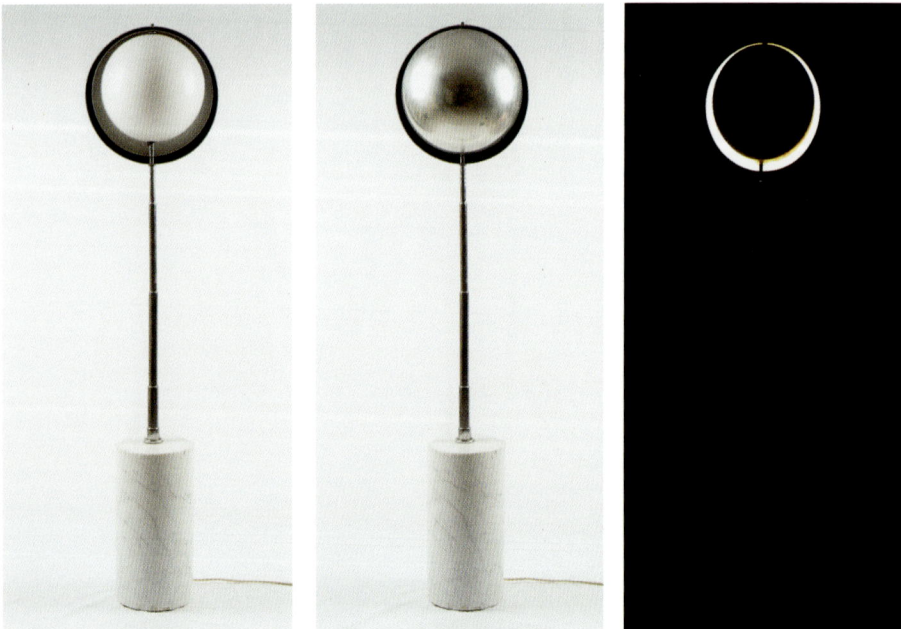

Modello Telescopio in foto d'archivio
Telescopio model in archive photos

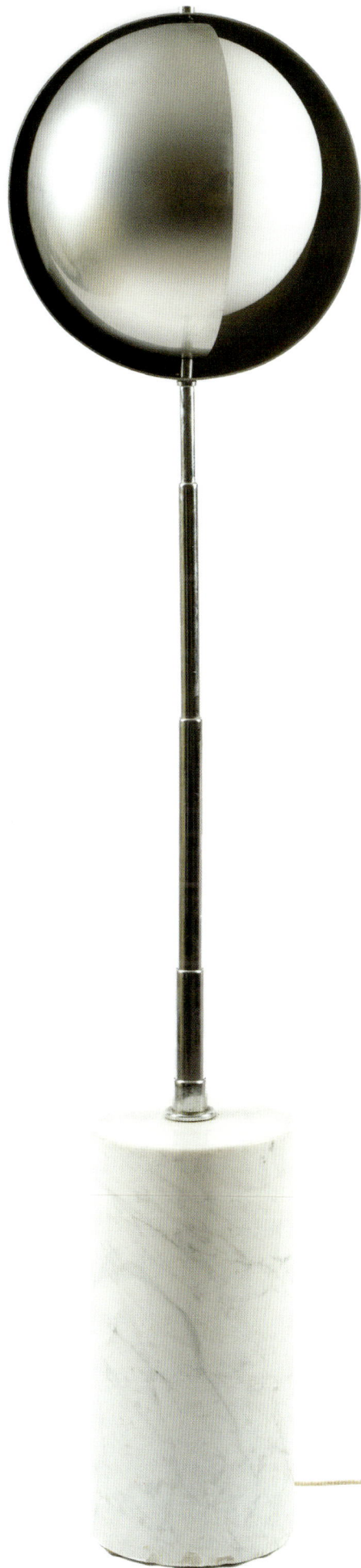

Teorema

La struttura si compone di un cubo di plexiglas trasparente con al suo interno – sul fondo – una lastra di plexiglas colorato nelle varianti di colore giallo, arancione bianco, rosso e verde; in secondo piano, un'altra struttura di plexiglas trasparente sorregge uno speciale portalampada. Sempre all'interno del cubo, integrato nella parte posteriore, trova posto l'impianto elettrico. Su ogni lato sono presenti due fori che fungono da collegamento per il passaggio della corrente da un cubo all'altro, utilizzando degli speciali perni doppi in ottone. A seconda del tipo di costruzione desiderata, i cubi si posizionano sia lateralmente sia verticalmente a formare, ogni volta, una diversa scultura luminosa. Il fatto che Gianni Colombo – riconosciuto come uno dei maggiori esponenti dell'Optical Art e dell'Arte Cinetica – abbia deciso di collaborare con Newlamp in un progetto così complesso è un grande segno di riconosciuto talento per l'opera di Mario Vento e il suo team. Questa eccezionale scultura luminosa è tra le più belle e rare mai realizzate da Newlamp e tra le più importanti sculture moderne nel panorama del design livello mondiale.

▶▶▶

The structure consists of a transparent Plexiglas cube with a coloured Plexiglas sheet inside – at the bottom – available in yellow, orange, white, red, and green; in the background, another transparent Plexiglas structure supports a special lamp holder. Inside the cube, integrated at the rear, is the electrical system. On each side are two holes that serve as connections for the passage of current from one cube to another, using special double brass pins. Depending on the type of construction desired, the cubes are positioned either laterally or vertically to form a different sculptural lamp each time. The fact that Gianni Colombo – recognised as one of the leading figures of Optical Art and Kinetic Art – decided to collaborate with Newlamp on such a complex project is a great seal of approval for Mario Vento and his team.
This exceptional sculptural lamp is among the most beautiful and rarest pieces ever made by Newlamp and among the important modern sculptures on the international design scene.

▶▶▶

Designer / Designers
Gianni Colombo

Anno di produzione / Year of Production
1969-1972

Misure / Dimensions
24 x 24 x 24 cm circa

Prezzo dell'epoca / Original Price
25.000 lire ciascuna / 13,00 euro each
100.000 lire / 51,50 euro circa (composizioni di quattro pezzi min. / composition of four elements at least)

Valore rivalutato / Revalued Historical Price
235,00 euro cad. / each
940,00 euro (composizioni di quattro pezzi min. / composition of four elements at least)

Impianto elettrico / Electrical System
Lampadina Philips E27 con testa smerigliata (non cromata, versione più rara)
Philips E27 bulb with frosted head (not chrome, rarer version)

Modello Teorema in una foto d'archivio
Teorema model in an archive photo

Durante i quattro anni di attività di Newlamp, Teorema ha subito lievi modifiche estetiche, con alcuni prototipi caratterizzati da un foro di aerazione circolare alla base.
Purtroppo, questa scultura luminosa non è stata pienamente apprezzata dal pubblico dell'epoca a causa della sua estrema delicatezza.
Per tutte queste ragioni, ne sono state realizzate veramente poche rispetto alla qualità del progetto. Sulla base delle informazioni che l'Archivio Newlamp possiede, si ritiene che siano stati prodotti al massimo cento cubi. Forse proprio per la rarità dell'oggetto, nel tempo sono stati realizzati numerosi falsi, facilmente riconoscibili da parte dell'Archivio Newlamp.

During Newlamp's four years of activity, Teorema underwent slight aesthetic modifications, with some prototypes featuring a circular ventilation hole at the base.
Unfortunately, this sculptural lamp was not well understood by the public of the time, as it was too fragile. For all these reasons, very few pieces were made compared to the quality of the design. Based on information from the Archivio Newlamp, it is believed that a maximum of one hundred cubes were produced. Perhaps precisely because of the rarity of the object, numerous counterfeits have been made over time, easily recognisable by the Archivio Newlamp.

Dettaglio dell'attacco della corrente a 220 volt
Detail of the 220-volt power connection

Dettaglio dello speciale portalampada
Detail of the special lamp holder

Totem

La struttura è composta da un tubo centrale in plexiglas bianco latte e da due elementi in metallo verniciato bianco e nero, di misure diverse, assemblati a "C" per tutta l'altezza e sovrapposti.
Sulla base delle informazioni dell'Archivio Newlamp, si ritiene che siano stati prodotti al massimo trenta esemplari.

The structure consists of a central milk-white Plexiglas tube and two white and black painted metal elements of different sizes, assembled in a "C" shape throughout its height and overlapped.
Based on information from the Archivio Newlamp, it is believed that a maximum of thirty pieces were made in total.

Designer / Designers
Gianfranco Fini e / and Fabrizio Cocchia

Anno di produzione / Year of Production
1969-1972

Misure / Dimensions
h 192 cm circa

Prezzo dell'epoca / Original Price
140.000 lire / 72,00 euro circa

Valore rivalutato / Revalued Historical Price
1300,00 euro

Impianto elettrico / Electrical System
Lampada slimline neon con due pin
Slimline neon lamp with two pins

Vertice

La struttura è composta da una piramide con tre lati in acciaio spazzolato. Un prisma con finitura a punta di diamante di plexiglas trasparente satinato emerge da una grande fessura ricavata sul lato frontale. Questa bellissima scultura luminosa in realtà emette pochissima luce ed è più un'opera d'arte moderna che una lampada. Sulla base delle informazioni ricavate dall'Archivio Newlamp, si ritiene che siano stati eseguiti al massimo trenta esemplari.

The structure consists of a pyramid with three sides made of brushed steel. A diamond-pointed prism made of transparent frosted Plexiglas emerges from a large slit in the front side.
This beautiful sculptural lamp emits very little light and is more a work of modern art than a lamp. Based on information from the Archivio Newlamp, it is believed that a maximum of thirty pieces were produced.

Designer / Designers
Studio Uno (Mario Vento e / and Studio Newlamp)

**Anno di produzione /
Year of Production**
1969-1972

Misure / Dimensions
69 x 34 x 26 cm circa

**Prezzo dell'epoca /
Original Price**
110.000 lire / 57,00 euro circa

**Valore rivalutato /
Revalued Historical Price**
1020,00 euro

**Impianto elettrico /
Electrical System**
Mini neon

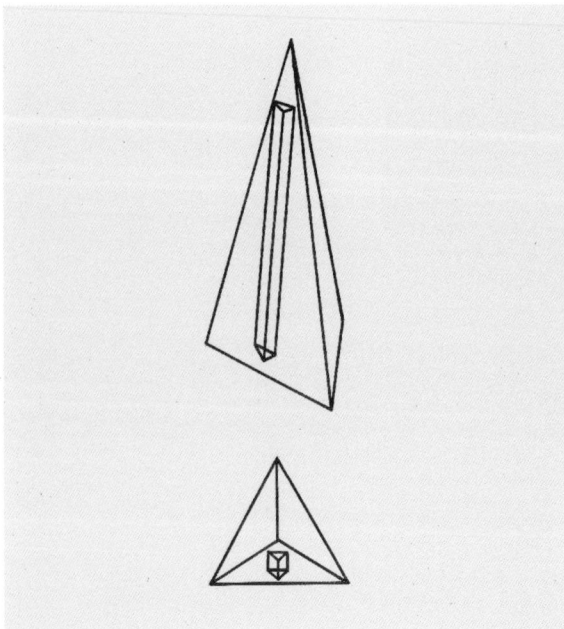

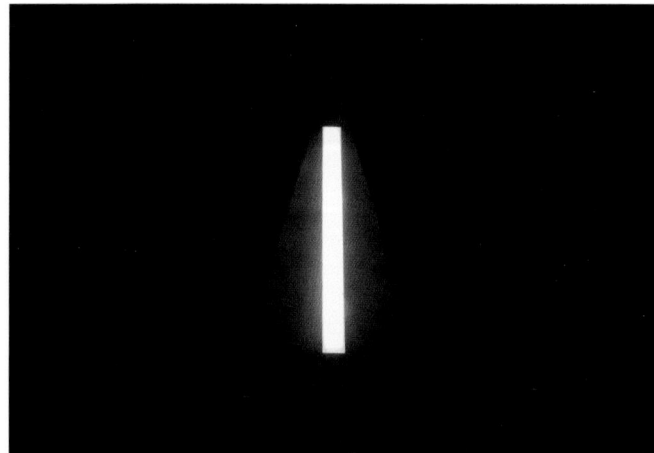

Effetto luminoso al buio
Luminous effect in the dark

Serie fotografica realizzata sulla spiaggia
di Ostia Lido (Roma) a cura di Gianni Vento
Photographic series taken on the beach of
Ostia Lido (Rome) curated by Gianni Vento

Dettaglio costruttivo plexiglas
taglio a diamante del Vertice
Diamond-cut Plexiglas
construction detail of the top

Ziggurat

La struttura è composta da un cubo cavo in acciaio lucido; nella parte superiore sono ricavati un foro centrale per alloggiare la lampadina e quattro fessure per incastrare una struttura piramidale dentellata a croce, anch'essa in acciaio e di dimensioni decrescenti dall'alto verso il basso. Appoggiati alla struttura sono posti sedici elementi in metacrilato trasparente satinato, quadrati e forati al centro. Il loro diametro aumenta dall'alto verso il basso con misure specifiche per fermarsi a distanze identiche parallele tra loro. Date le dimensioni minime dello scatolato in acciaio che forma la base, i tecnici di Newlamp per l'impianto elettrico hanno dovuto alloggiare all'interno una lampadina a 12 volt e un trasformatore 220v/12v. L'architetto Cocchia si è ispirato alle antiche strutture ziqqurat della Mesopotamia, edifici costruiti a terrazze sovrapposte sopra i quali i sacerdoti si recavano per studiare le stelle e controllare le difese delle città.
Questa bellissima scultura luminosa, tra le più belle realizzate da Newlamp, poiché emette poca luce, è da ritenersi più un'opera d'arte moderna che una lampada. Sulla base delle informazioni dell'Archivio Newlamp, si ritiene che siano stati prodotti al massimo cinquanta esemplari.

The structure consists of a hollow cube made of polished steel; the upper part features a central hole to accommodate the light bulb and four slits to fit a notched pyramidal cross-shaped structure, also made of steel and decreasing in size from top to bottom. Leaning against the structure are sixteen transparent frosted methacrylate elements, square and perforated in the centre. Their diameter specifically increases from top to bottom to stop at identical distances parallel to each other. Given the minimal dimensions of the steel box forming the base, Newlamp's electrical engineers had to accommodate a 12-volt bulb and a 220v/12v transformer inside.
Architect Cocchia was inspired by the ancient Mesopotamian ziggurat, i.e. terraced buildings where priests studied the stars and protected the cities.
This beautiful sculptural lamp is considered one of the finest pieces made by Newlamp. As it emits little light, it is to be considered more a work of modern art than a lamp. Based on information from the Archivio Newlamp, it is believed that a maximum of fifty pieces were produced.

Designer / Designers
Fabrizio Cocchia

**Anno di produzione /
Year of Production**
1969-1972

Misure / Dimensions
61 x 16 x 16 cm circa

**Prezzo dell'epoca /
Original Price**
76.000 lire / 40,00 euro circa

**Valore rivalutato /
Revalued Historical Price**
705,00 euro

**Impianto elettrico /
Electrical System**
Lampadina E27 a 12 volt
con trasformatore.
E27 12-volt bulb with
transformer

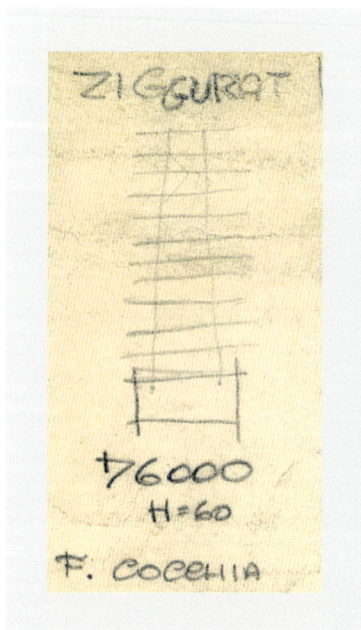

Dettaglio dell'impianto elettrico originale a 12 volt
Detail of the original 12-volt electrical system

ZIGGURAT

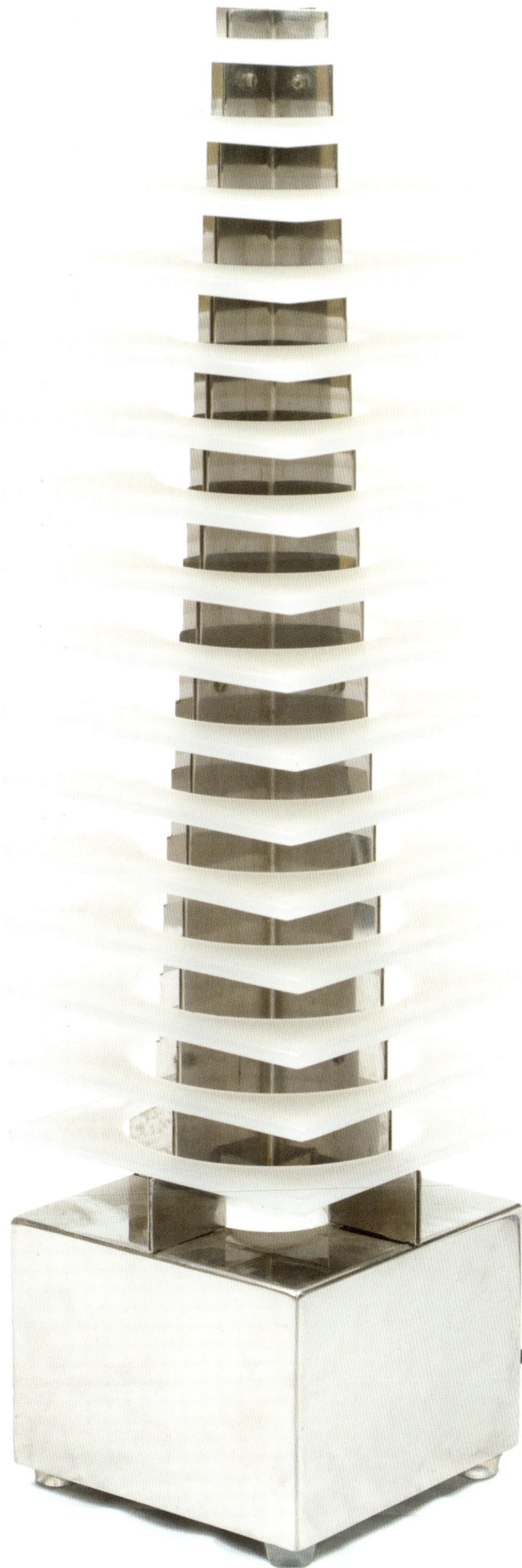

Apparati

Appendix

Il catalogo storico / The Historical Catalogue

Il catalogo è composto da una serie di quindici fogli sciolti, incluso quello dell'introduzione, contenuti in una cartellina in cartone rigido nero opaco con il logo Newlamp in rilievo; le fotografie sono di Pino Abbrescia con la grafica di S. Salaroli. La stampa risale al 1970 circa, presso la tipografia Mercanti di Roma.
Viene qui riproposto in facsimile essendo l'unico catalogo noto dell'azienda nell'unica copia originale finora rintracciata.

The catalogue consists of a series of fifteen loose sheets, including the introduction, contained in a black, rigid, black, opaque cardboard folder with the Newlamp logo in relief; the photographs are by Pino Abbrescia with graphics by S. Salaroli. It was printed in 1970 circa, at the Mercantini printing house in Rome. It is reproduced here in facsimile as it is the only known catalogue of the company, and the only original copy found so far.

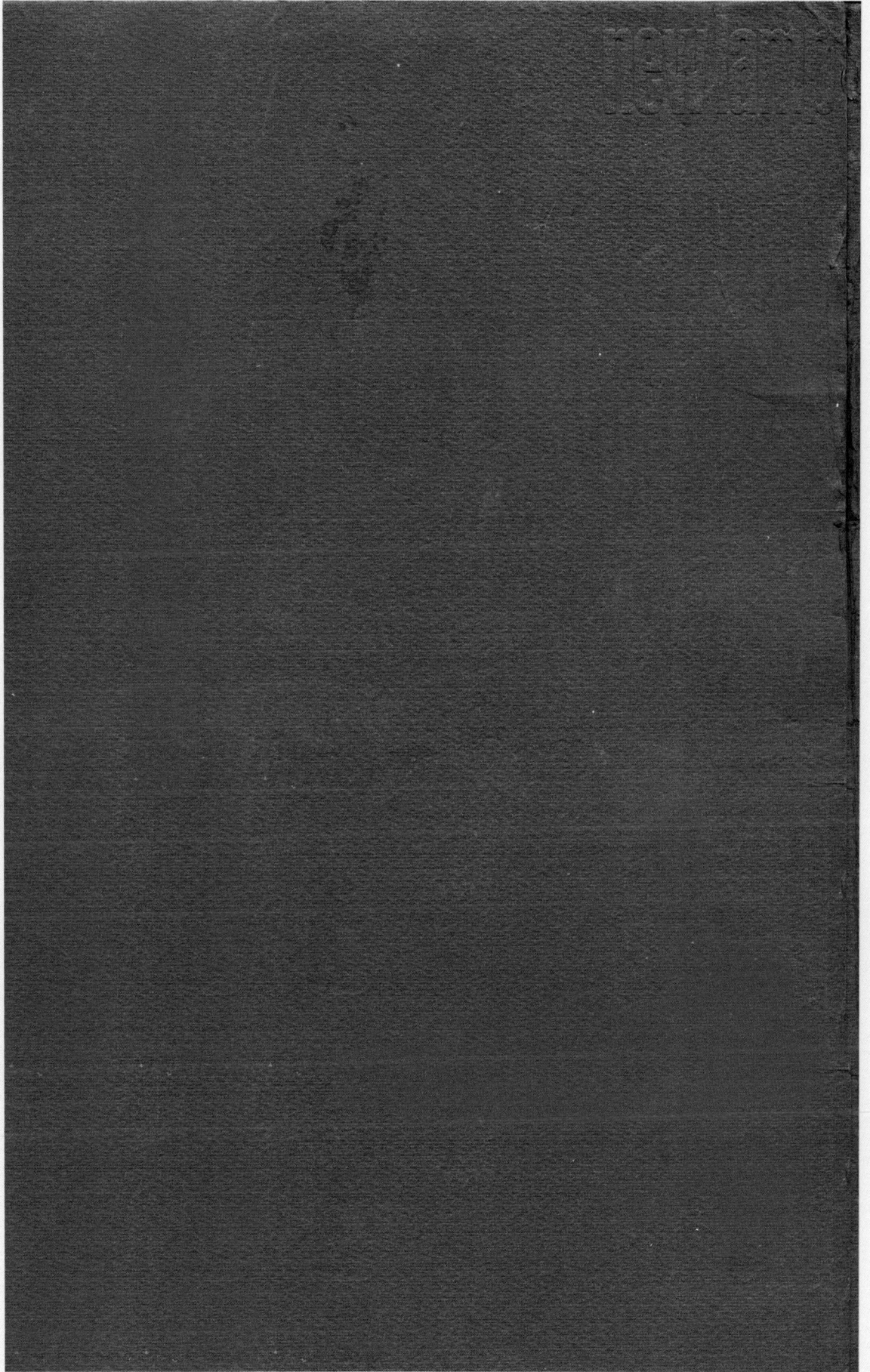

new lamp

Luce colore e fantasia in questa collezione di lumi e lampade presentata dalla Newlamp.
Quando il designer moderno tratta la luce, inventa ogni volta una diversa presenza di essa nell'oggetto e nell'ambiente che dovrà essere illuminati. I risultati sono invenzioni sempre nuovissime, come quelle qui illustrate, che sono di Gianni Colombo, Gianfranco Fini, Ingrid Hialmarson e dello Studio Newlamp.
Materiali plastici e metallo, cristallo e smalto, linee e colori per lumi-vaso, lumi-sculture, lampade spaziali, lumi-gadgets.
Cose piccole e grandi che luccicano e fanno luce, lumi che piacciono, lumi luminosi. Oggetti diversi, solidi plastici e illuminati, emozioni colorate, sculture di luce semplici e complesse.

Lumière, couleur et fantaisie dans cette collection de lampes présentée par la New-Lamp. Quand le moderne dessinateur trait la lumière, invente chaque fois une differente présence d'elle dans l'objet et dans l'entourage qui devra être illuminé.
Les résultas sont des inventions toujours nouvelles comme celles-ci illustrèes qui sont crées par Gianni Colombo, Gianfranco Fini, Ingrid Hialmarson et New Lamp Studio.
Matière plastique et métal, cristal et émail, style et couleurs pour des lampes-vase, lampes-sculptures, lampes de ligne futuriste, lampes-gadgets.
Des petites et grandes choses qui brillent et font lumière. Lampes agréables, lampes lumineuses.
Des objets différents en plastique, de plusieurs formes des sculptures de lumière simples et compliquèes.

Licht, Farbe und Phantasie wird in dieser Serie von Lichter und Lampen von der Newlamp vorgestellt. Der moderne Erfinder zeigt, wie jeder Raum beleuchtet werden soll. Es sind die neusten Erzeugungen die Sie hier sehen und werden von:

GIANNI COLOMBO, GIANFRANCO FINI und INGRID HJALMARSON gezeichnet.

Das Material ist: Plastic, Metall, Kristall und Email. Es sind moderne Lichter, Skulpturenlampen, Spazial-Lampen, Godgets-Lampen. Objekts die gefallen und aus verschiedenen Typen, einfach und compliziert.

Lights, colours and phantasie in this lamps exposition presented by New-Lamp.
The modern designers invented once more different ways to represent the light in the objects and ambients to be illuminated.
The results can be seen in these new-fashionable inventions created by Gianni Colombo, Gianfranco Fini, Ingrid Hialmarson and New Lamp Studio.
Plastic materials and metals, crystals and enamels, style and colours for pot-lamps, sculpture-lamps, space-lamps, gadgets-lamps.
Little and great things shines and makes light, pleasant lamps, luminous lamps.
Different objects, solids and plastics lighting, coloured emotions, simple and fancy lighted sculptures.

ADRIA g/m/p

designer
INGRID HJALMARSON

g L. 40.500
m L. 24.000
p L. 14.000

« g » h. cm. 42 Ø cm. 16:
OSRAM - EDISON - LINOLITE - SILICA
« m » h. cm. 34 Ø cm. 10:
« p » h. cm. 24 Ø cm. 7
OSRAM - MIGNON - LINOLITE - SILC
MAT.: PLEXIGLAS-ALLUMINIO
LAMP.: 1 = 40 WATT
COLORI: BIANCO|VERDE|ARANCIO|BLEU

« g » h. cm. 42, Ø cm. 16
LAMPE: OSRAM - EDISON - LINOLITE - SILICA
« m » h. cm. 34, Ø cm. 10
« p » h. cm. 24, Ø cm. 7
LAMPE: OSRAM - MIGNON - LINOLITE - SILICA
MAT.: PLEXIGLAS - ALUMINIUM
COULEURS: BLANC, VERT, ORANGE, BLEU

Great h. cm. 42, Ø cm. 16
LAMP.: OSRAM - EDISON - LINOLITE - SILICA
Middle: h. cm. 34. Ø cm. 10
Little: h. cm. 24, Ø cm. 7
LAMP.: OSRAM - MIGNON - LINOLITE - SILICA
MAT.: PLEXIGLAS - ALUMINIUM
LAMP.: 1 = 40 WATT
COLORS: WHITE, GREEN, ORANGE, BLUE

gross h. cm. 42, Ø cm. 16
LAMPE: OSRAM - EDISON - LINOLITE - SILICA
Mittelgr. h. cm. 34, Ø cm. 10
Klein h. cm. 24, Ø cm. 7
M. und K.: OSRAM - MIGNON - LINOLITE SILICA
MAT. PLEXIGAS - ALUMINIUM
LAMPE 1 = 40 WATT
FARBEN: WEISS, GRÜN. ORANGE, BLAU

tip mercanti-foto p. abbrescia design s. salaroli

ALBA g/m/p

designer
INGRID HJALMARSON

g L. 50.000
m L. 32.000
p L. 15.000

« g » h. cm. 42 Ø cm. 16;
OSRAM - EDISON - LINOLITE - SILICA
« m » h. cm. 34 Ø cm. 10:
« p » h. cm. 24 Ø cm. 7
OSRAM - MIGNON - LINOLITE - SILC
MAT.: PLEXIGLAS-ALLUMINIO
LAMP.: 1 = 40 WATT
COLORI: BIANCO|VERDE|ARANCIO|BLEU

« g » h. cm. 42, Ø cm. 16
LAMPE: OSRAM - EDISON - LINOLITE - SILICA
« m » h. cm. 34, Ø cm. 10
« p » h. cm. 24, Ø cm. 7
LAMPE: OSRAM - MIGNON - LINOLITE - SILICA
LAMPE: 1 = 40 WATT
MAT.: PLEXIGLAS - ALUMINIUM
COULEURS: BLANC, VERT, ORANGE, BLEU

Great h. cm. 42, Ø cm. 16
LAMP.: OSRAM - EDISON - LINOLITE - SLIICA
Middle: h. cm. 34, Ø cm. 10
Little: h. cm. 24, Ø cm. 7
LAMP.: OSRAM - MIGNON - LINOLITE - SILICA
MAT.: PLEXIGLAS - ALUMINIUM
LAMP.: 1 = 40 WATT
COLORS: WHITE, GREEN, ORANGE, BLUE

gross h. cm. 42, Ø cm. 16
LAMPE: OSRAM - EDISON - LINOLITE - SILICA
Mittelgr. h. cm. 34, Ø cm. 10
Klein h. cm. 24, Ø cm. 7
M. und K.: OSRAM - MIGNON - LINOLITE
SILICA
MAT. PLEXIGAS - ALUMINIUM
LAMPE 1 = 40 WATT
FARBEN: WEISS, GRÜN, ORANGE, BLAU

tlp mercanti -foto p. aibrescia -design s. saiaroli

ALPA g/m/p

designer
INGRID HJALMARSON

g L. 50.000
m L. 30.000
p L. 15.000

«g» h. cm. 42 Ø cm. 16:	«g» h. cm. 42, Ø cm. 16	Great h. cm. 42, Ø cm. 16	gross h. cm. 42, Ø cm. 16
OSRAM - EDISON - LINOLITE - SILICA	LAMPE: OSRAM - EDISON - LINOLITE - SILICA	LAMP.: OSRAM - EDISON - LINOLITE - SLIICA	LAMPE: OSRAM - EDISON - LINOLITE - SILICA
«m» h. cm. 34 Ø cm. 10;	«m» h. cm. 34, Ø cm. 10	Middle: h. cm. 34, Ø cm. 10	Mittelgr. h. cm. 34, Ø cm. 10
«p» h. cm. 24 Ø cm. 7	«p» h. cm. 24, Ø cm. 7	Little: h. cm. 24, Ø cm. 7	Klein h. cm. 24, Ø cm. 7
OSRAM - MIGNON - LINOLITE - SILC	LAMPE: OSRAM - MIGNON - LINOLITE - SILICA	LAMP: OSRAM - MIGNON - LINOLITE - SILICA	M. und K.: OSRAM - MIGNON - LINOLITE SILICA
MAT.: PLEXIGLAS-ALLUMINIO	MAT.: PLEXIGLAS - ALUMINIUM	MAT.: PLEXIGLAS - ALUMINIUM	MAT. PLEXIGAS - ALUMINIUM
LAMP.: 1 = 40 WATT	LAMPE: 1 = 40 WATT	LAMP.: 1 = 40 WATT	LAMPE 1 = 40 WATT
COLORI: BIANCO|VERDE|ARANCIO|BLEU	COULEURS: BLANC, VERT, ORANGE, BLEU	COLORS: WHITE, GREEN, ORANGE, BLUE	FARBEN: WEISS, GRÜN, ORANGE, BLAU

AMERICA g/m

designer
STUDIO NEW LAMP

g L. 65.000
m L. 42.000

«g» h. cm. 32 BASE cm. 18 x 22
«m» h. cm. 28 BASE cm. 16 x 10
MAT.: PLEXIGLAS-ALLUMINIO
LAMP.: 1 = 40 WATT, MIGNON -
LINOLITE SILICA (OSRAM)
COLORI: GIALLO|VERDE

«g» h. cm. 32, BASE cm. 18 x 22
«m» h. cm. 28, BASE cm. 16 x 10
MAT.: PLEXIGLAS - ALUMINIUM
LAMPE: OSRAM - MIGNON - LINOLITE - SILICA
LAMPE: 1 = 40 WATT
COULEURS: JAUNE - VERT

Geat h. cm. 32, BASE cm. 18 x 22
LAMP: OSRAM - EDISON - LINOLITE - SILICA
Middle: h. cm. 28, BASE cm. 16 x 10
LAMP: OSRAM - MIGNON - LINOLITE - SILICA
MAT.: PLEXIGLAS - ALUMINIUM
LAMP: 1 = 40 WATT
COLORS: YELLOW, GREEN

goss h. cm. 32, BASIS cm. 18 x 22
Mittelgr. h. cm. 28, BASIS cm. 16 x 10
MAT. PLEXIGLAS - ALUMINIUM
LAMPE: 1 = 40 WATT (OSRAM - MIGNON)
LINOLITE - SILICA
FARBEN: GELB, GRÜN

ASTA g/m/p

designer
INGRID HJALMARSON

g L. 50.000
m L. 30.000
p L. 15.000

«g» h. cm. 42 Ø cm. 16;
OSRAM - EDISON - LINOLITE - SILICA
«m» h. cm. 34 Ø cm. 10;
«p» h. cm. 24 Ø cm. 7
OSRAM - MIGNON - LINOLITE - SILC
MAT.: PLEXIGLAS-ALLUMINIO
LAMP.; 1 = 40 WATT
COLORI: BIANCO|VERDE|ARANCIO|BLEU

«g» h. cm. 42, Ø cm. 16
LAMPE: OSRAM - EDISON - LINOLITE - SILICA
«m» h. cm. 34, Ø cm. 10
«p» h. cm. 24, Ø cm. 7
LAMPE: OSRAM - MIGNON - LINOLITE - SILICA
LAMPE: 1 = 40 WATT
MAT.: PLEXIGLAS - ALUMINIUM
COULEURS: BLANC, VERT, ORANGE, BLEU

Great h. cm. 42, Ø cm. 16
LAMP.: OSRAM - EDISON - LINOLITE - SLIICA
Middle: h. cm. 34, Ø cm. 10
Little: h. cm. 24, Ø cm. 7
LAMP.: OSRAM - MIGNON - LINOLITE - SILICA
MAT.: PLEXIGLAS - ALUMINIUM
LAMP.: 1 = 40 WATT
COLORS: WHITE, GREEN, ORANGE, BLUE

gross h. cm. 42, Ø cm. 16
LAMPE: OSRAM - EDISON - LINOLITE - SILICA
Mittelgr. h. cm. 34, Ø cm. 10
Klein h. cm. 24, Ø cm. 7
M. und K.: OSRAM - MIGNON - LINOLITE - SILICA
MAT.: PLEXIGAS - ALUMINIUM
LAMPE 1 = 40 WATT
FARBEN: WEISS, GRÜN, ORANGE, BLAU

tip. mercanti-foto p. abbrescia -design s. salaroli

ATES g/m/p

designer
INGRID HJALMARSON

g L. 48.500
m L. 30.000
p L. 15.000

«g» h. cm. 42 Ø cm. 16;
OSRAM - EDISON - LINOLITE - SILICA
«m» h. cm. 34 Ø cm. 10;
«p» h. cm. 24 Ø cm. 7
OSRAM - MIGNON - LINOLITE - SILC
MAT.: PLEXIGLAS-ALLUMINIO
LAMP.: 1 = 40 WATT
COLORI: BIANCO|VERDE|ARANCIO|BLEU·

«g» h. cm. 42, Ø cm. 16
LAMPE: OSRAM - EDISON - LINOLITE - SILICA
«m» h. cm. 34, Ø cm. 10
«p» h. cm. 24, Ø cm. 7
LAMPE: OSRAM - MIGNON - LINOLITE - SILICA
LAMPE: 1 = 40 WATT
MAT.: PLEXIGLAS - ALUMINIUM
COULEURS: BLANC, VERT, ORANGE, BLEU

Great h. cm. 42, Ø cm. 16
LAMP.: OSRAM - EDISON - LINOLITE - SLIICA
Middle: h. cm. 34, Ø cm. 10
Little: h. cm. 24, Ø cm. 7
LAMP.: OSRAM - MIGNON - LINOLITE - SILICA
MAT.: PLEXIGLAS - ALUMINIUM
LAMP.: 1 = 40 WATT
COLORS: WHITE, GREEN, ORANGE, BLUE

gross h. cm. 42, Ø cm. 16
LAMPE: OSRAM - EDISON - LINOLITE - SILICA
Mittelgr. h. cm. 34, Ø cm. 10
Klein h. cm. 24, Ø cm. 7
M. und K.: OSRAM - MIGNON - LINOLITE - SILICA
MAT. PLEXIGAS - ALUMINIUM
LAMPE 1 = 40 WATT
FARBEN: WEISS, GRÜN, ORANGE, BLAU

tip. mercanti·foto p. abbreccia ·design s. salaroli

218

HEATROW
designer
STUDIO NEW LAMP

L. 44.000

h. cm. 31 Ø cm. 30
MAT.: ALLUMINIO-PERSPEX
LAMP.: 1 = 60 WATT
COLORI: BIANCO

h. cm. 31, Ø cm. 30
MAT.: ALUMINIUM - PERSPEX
LAMPE: 2 = 40 WATT, EDISON
COULEURS: BLANC

h. cm. 31, Ø cm. 30
MAT.: ALUMINIUM - PERSPEX
LAMP: 2 = ATT, EDISON
COLORS: WHITE

H. cm. 31, Ø 30
MAT. ALUMINIUM PERSPEX
LAMPEN 2 = 40 WATT (EDISON)
FARBEN WEISS

tip mercanti-foto p. abbrescia-design s. salaroli

PERISCOPIO

designer
INGRID HJALMARSON

L. 30.000
L. 48.000

Un particolare degno di attenzione è l'orientamento (a periscopio) che la lampada può assumere girando su se stessa per un angolo di 300 gradi.

h. cm. 34; BASE cm. 17 x 8
MAT.: ALLUMINIO
LAMP.: 1 = 40 WATT
COLORI: BIANCO|GIALLO|ARANCIO
CON RADIO INCORPORATO

Un particulier digne d'intérêt est la position à périscope que la lempe peut prendre en tournant sur elle même pour un angle de 300°.

h. cm. 34, BASE cm. 17 x 8
MAT.: ALUMINIUM
LAMPE: 1 = 40 WATT, MIGNON - LAIT
COULEURS: BLANC, JAUNE, ORANGE
AVEC RADIO INCORPORÈ

The particolar to be observed is a periscope position which the lamp can take turning around itself in a corner of 300)°.

h. cm. 34, BASE cm. 17 x 8
MAT.: ALUMINIUM
LAMP: 1 = 40 WATT, MIGNON - MILK
COLORS: WHITE, YELLOW, ORANGE
WITH RADIO INCORPOREDED

Besonders zu beachten ist diese Periscop lampe, weil man sie um einen Winkel von 300° drehen kann.

H. cm. 34, BASIS cm. 17 x 8
MAT. ALUMINIUM
LAMPE 1 = 40 WATT (MIGNON MATT)
FARBEN WEISS,. GELB, ORANGE
MIT EINGEBAUTEN RADIO

RADAR

designer
INGRID HJALMARSON

L. 36.000

h. cm. 25 BASE cm. 7 x 7
MAT.: ALLUMINIO
LAMP.: 12 V - 20 WATT - ATTACCO A
BAIONETTA - CON RADIO E
TRASFORMATORE INCORPORATI
- 2 INTENSITA' LUCE
COLORI: BIANCO|GIALLO|ARANCIO
BLEU

h. cm. 25 BASE cm. 7 x 7
MAT.: ALUMINIUM
LAMPE: 12 V. - 20 WATT
(ATTACHE-BAJONET) AVEC RADIO ET
TRANSFORMATEUR INCORPORÉES
2 INTENSITÉE DE LUMIÈRE
COULEURS: BLANC, JAUNE, ORANGE, BLEU

h. cm. 25, BASE cm. 7 x 7
MAT.: ALUMINIUM
LAMP: 12 V - 20 WATT
(ATTACK BAYONNET)
WITH RADIO AND TRANSFORMER
INCORPOREDED - 2 TENSION OF LIGHT

H. cm. 25, BASIS cm. 7 x 7
MAT. ALUMINIUM
LAMPE 12 V. - 20 WATT
MIT RADIO UND EINGEBAUTEN
TRASFORMATOR, 2 LICHTSTSTÄRKEN
FARBEN WEISS, GELB, ORANGE, BLAU

tip mercanti - foto p. abbrescia - design s. saleroli

SATELLITE g/p

designer
INGRID HJALMARSON

g L. 48.000
p L. 24.000

« g » cm. 50; « p » Ø cm 40

MAT.: PERSPEX

LAMP.: 1 = 60 WATT, EDISON - LATTE

COLORI: BIANCO

« g » cm. 50, « p » Ø cm. 40

MAT.: PERSEX

LAMPE: 1 = 60 WATT, EDISON (blanc lait)

COULEURS: BLANC

Great cm. 50, Little Ø cm. 40

MAT.: PERSPEX

LAMP: 1 = 60 WATT, EDISON - MILK

COLORS: WHITE

gross cm. 50 - klein Ø cm. 40

MAT. PERSPEX

LAMPE 1 = 60 WATT (EDISON - MATT)

FARBEN: WEISS

tip mercanti-foto p. abbrescia design s. saiteroli

SINTESI
designer
GIANNI COLOMBO

L. 28.000

h. cm. 23; BASE cm. 24 x 24
MAT.: PERSPEX
LAMP.: 1 = 60 WATT, MAZDA - WE - 14
MIGNON - LATTE
COLORI: BIANCO E FUMO

h. cm. 23; BASE cm. 24 x 24
MAT: PERSPEX
LAMPE: 1 = 60 WATT, MAZDA - WE - 14
MIGNON - LAIT
COULEURS: BLANC ET FUMÉE

h. cm. 23, BASE cm. 24 x 24
MAT.: PERSPEX
LAMP: 1 = 60 WATT, MAZDA WE - 14
MIGNON - MILK
COLORS: WHITE AND SMOKE

H. cm. 23, BASIS cm. 24 x 24
MAT. PERSPEX
LAMPE 1 = 60 WATT (MOZDA WE 14 -
MIGNON MATT)
FARBEN WEIS, GRAU

tip mercanti-foto p. abbrescia -design s. salaroli

SPAZIALE

designer
GIANFRANCO FINI

L. 90.000

L'effetto spaziale di questa lampada è do-vuta principalmente alla luce che dalla base illumina gli elementi di Perspex lumine-scenti, che pur conservando la propria tra-sparenza s'illuminano lungo i bordi.

h. cm. 73; BASE cm. 28 x 28
MAT.: ACCIAIO INOX-PERSPEX
LAMP.: FILAMENTO NEON
INCORPORATO - TRASFORMATORE
CAMBIO TENSIONE
COLORI: BIANCO/VERDINO

L'effet spatial de cette lampe est dû prin-cipalment à la lumière qui de la base éclaire les elements de Perspex lumi-nescents qui cependant conservent leur transparence.

h. cm. 73; BASE cm. 28 x 28
MAT.: ACIER - INOX - PERSPEX
LAMPE: FILAMENT - NEON
INCORPORÉ - TRANSFORMATEUR
CHANGE TENSION
COULEURS: BLANC - VERDELET

Thee space effect of this lamp is mainly due to light which, from the basis lighten the luminiferous Perspex part also preser-ving its own transparence.

h. cm. 73, BASE cm. 28 x 28
MAT.: STEEL INOX - PERSPEX
LAMP: FILAMENT - NEON
INCORPOREDED TRANSFORMER
CHANGE TENSION
COLORS: WHITE, LIGHTGREEN

Die Wirkung dieser Lampe ist vor allem an der Basis des Lichtes, da die Elemente von Perspex floreschent sind und die Durch-sichtigkeit bewahren.

H. cm. 73, BASIS cm. 28 x 28
MAT. STAHL INOX-PERSPEX
LAMPE NEON FILAMENT
EINGEBAUTER TRASFORMATOR
WECHSEL- SPANNUNG
FARBEN WEISS, LICHTGRÜN

tip. mercanti-foto p. aibrescia-design s. salaroli

SPIRALE

designer
INGRID HJALMARSON

L. 48.000

h. cm. 50 Ø cm. 36
MAT.: LASTRA ALLUMINIO
LAMP.: 2 = 40 WATT, MIGNON - LATTE
COLORI: BIANCO

h. cm. 50, Ø cm. 36
MAT.: PAQUE ALUMINIUM
LAMPE: 2 = 40 WATT, MIGNON - LAIT
COULEURS: BLANC

h. cm. 50, Ø cm. 36
MAT.: ALUMINIUM - STONE
LAMP: 2 = 40 WATT, MIGNON - MILK
COLORS: WHITE

H. cm. 50, Ø cm. 36
MAT. ALUMINIUMPLATTE
LAMPE 2 = 40 WATT (MIGNON MATT)
FARBEN WEISS

tip mercanti - foto p. abbrescia - design s. salaroli

TELESCOPIO

designer
INGRID HJALMARSON

L. 110.000

h. cm. 170; BASE MARMO Ø cm. 23
MAT.: BASE MARMO, ANTENNA E
PARABOLE IN METALLO
LAMP.: 1 = 60 WATT, MIGNON - LATTE
COLORI: ALLUMINIO LUCIDO;
BASE MARMO BIANCO

h. cm. 170, BASE MARBRE Ø cm. 23
MAT.: BASE BARBRE, ANTENNE ET PARABOLES
EN MÉTAL
LAMPE: 1 = 60 WATT, MIGNON - LAIT
COULEURS: ALUMINIUM - RILLANT;
BASE MARBRE BLANC

h. cm. 170, BASE MARBLE Ø cm. 23
MAT.: BASE MARBLE ANTENNE E
PARABOLIFORM OF METALL
LAMP: 1 = 60 WATT, MIGNON - MILK
COLORS: WHITE MARBLE

H. cm. 170, BASIS MARMOR Ø cm. 23
MAT. MASIS MARMOR ANTENNE E
PARABOLE IN METAL
LAMPE 1 = 60 WATT (MIGNON MATT)
FARBEN ALUMINIUM GLÄNZEND
BASIS MARMOR WEISS

TEOREMA

designer
GIANNI COLOMBO

L. 25.000

Un insieme di cubi luminosi in cui un solo cubo funge da vettore di corrente per contatto in orizzontale e in verticale nei confronti degli altri. Un insieme di cubi che si prestano ad innumerevoli combinazioni per ogni arredamento.

h. cm. 24 x 24 x 24
MAT.: PERSPEX
LAMP.: 1 = 60 WATT, P5 PHILIPS · EDISON CON SCHERMO
COLORI: GIALLO|BIANCO|ROSSO|VERDE

Un ensemble de cubes lumineux où un seul cube remplit les fonctions de vecteur de courant par contact horizontal et vertical envers les autres. Un ensemble de cubes qui offrent d'innombrables solutions pour chaque ameublement.

h. cm. 24 x 24 x 24
MAT.: PERSPEX
LAMPE: 1 = 60 WATT, P5 PHILIPS - EDISON AVEC DÉFENSE
COULEURS: JAUNE, BLANC, ROUGE, VERT

A concerted piece of luminous Cubens in which a Cube by horizontal and vertical contacts transfers eletric corrent. A mass of Cubes which offers a lot of combinations for every Forniture.

h. cm. 24 x 24 x 24
MAT.: PERSPEX
LAMP: 1 = 60 WATT, P5 PHILIPS - EDISON WITH SHIELD
COLORS: YELLOV, WHITE, RED, GREEN

Eine Zusammenstellung von Würfeln (Ku bis) die beleuchten und von den man einen Würfel für den Strom vervendet. Der Kontakt ist wagrecht und senkrecht. Eine Zusammenstellung von Würfeln, die man für verschiedene Arredaments verwenden kann.

H. cm. 24 x 24 x 24
MAT. PERSPEX
LAMPE 1 = 60 WATT (P5 PHILIPS - EDISON MIT SCHEIBE)
FARBEN GELB, WEISS, ROT, GRÜN

tip mercanti - foto p. abbrescia - design s. sakaroli

Bibliografia / Bibliography

America
"Formaluce", novembre-dicembre /
November–December 1969.

Ascissa
"Interni", novembre / November 1970.
"Casa Vogue", marzo / March 1971.
"Interni", luglio / July 1971.
"Abitare", gennaio-febbraio / January–
February 1972.

Azimut
"La mia casa", 1969.
"Interni", luglio / July 1971.
"Abitare", gennaio-febbraio / January–
February 1972.

Cesca
"Interni", novembre / November
1970.
"Interni", luglio / July 1971.

Dedalo
"Arredorama", gennaio-febbraio /
January–February 1971.
"Abitare", gennaio-febbraio / January–
February 1972.

Drop
"Interni", novembre / November 1970.
"Interni", luglio / July 1971.

G 999
"Arredorama", marzo-aprile /
March–April 1971.
"Domus", settembre / September 1971.

Heathrow
"Formaluce", novembre-dicembre /
November–December 1969.

Interior
"Abitare", gennaio-febbraio / January–
February 1970.
"Arredorama", luglio-settembre /
July–September 1971.

Labirinto
"Domus", settembre / September
1971.

Logos da terra
"Abitare", gennaio-febbraio / January–
February 1970.

Luna
"Interni", novembre / November 1970.
"Casa Vogue", marzo / March 1971.
"Interni", luglio / July 1971.
"Domus", settembre / September 1971.

Meridiana
"Domus", settembre / September 1971.

Momo
"Casa Vogue", dicembre / December 1971.

Morgana
"Abitare", gennaio-febbraio / January–
February 1970.

Obelisco
"Casa Vogue", novembre / November 1970.

"Arredorama", gennaio-febbraio /
January–February 1971.
I. Vercelloni, *1970-1980. Dal design
al post design. I migliori mobili,
le lampade più belle degli ultimi dieci
anni*, Condé Nast, Milano 1980.

Osaka (prototipo)
"Arredorama", gennaio-febbraio /
January–February 1971.

Programma
"Casa Vogue", marzo / March 1971.
"Arredorama", maggio-giugno /
May–June 1971.
"Domus", settembre / September 1971.

Quanta
"Casa Vogue", novembre / November
1970.
"Arredorama", gennaio-febbraio /
January–February 1971.
"Casa Vogue", novembre-dicembre /
November–December 1971.
"Abitare", gennaio-febbraio / January–
February 1972.

Quasar
"Arredorama", luglio-settembre /
July–September 1971.

Quasar bianca
"Formaluce", novembre-dicembre /
November–December 1969.
"Casa Vogue", novembre-dicembre /
November–December 1971.

Quasar Wood
"Abitare", gennaio-febbraio / January–
February 1970.
"Domus", settembre / September 1971.

Riflessa
"Arredorama", gennaio-febbraio / January–
February 1971.
"Abitare", gennaio-febbraio / January–
February 1972.

Screen
"Abitare", gennaio-febbraio / January–
February 1972.

Scultura
"Casa Vogue", marzo / March 1971.
"Casa Vogue", novembre-dicembre /
November–December 1971.

Spirale
"La mia casa", ottobre / October
1969.

"Formaluce", novembre-dicembre /
November–December 1969.
"Arredorama", maggio-giugno / May–June
1971.
"Casa Vogue", giugno / June 1971.

Telescopio
"Formaluce", novembre-dicembre /
November–December 1969.

Teorema
"Formaluce", novembre-dicembre /
November–December 1969.

Totem
"Abitare", gennaio-febbraio / January–
February 1970.

Ziggurat
"Casa Vogue", marzo / March 1971.

In copertina / Cover
Modello Teorema
nella variante giallo
e arancione, designer
Gianni Colombo,
1969-1972 /
Model Teorema
in the yellow and
orange variant,
designer Gianni
Colombo, 1969-1972

Silvana Editoriale

Direttore generale / Chief Executive
Michele Pizzi

Direttore editoriale / Editorial Director
Sergio Di Stefano

Art Director
Giacomo Merli

Coordinamento redazionale / Editorial Coordinator
Natalia Grilli

Redazione / Copy Editing
Laura Maggioni, Lorena Ansani

Traduzione / Translation
Contextus. We Translate Design (Flavia Frauzel,
Daniela Innocenti)

Impaginazione / Layout
Nicola Cazzulo

Coordinamento di produzione / Production Coordinator
Antonio Micelli

Segreteria di redazione / Editorial Assistant
Giulia Mercanti

Ufficio iconografico / Photo Editor
Silvia Sala

Ufficio stampa / Press Office
Alessandra Olivari, press@silvanaeditoriale.it

S|E

Silvana Editoriale S.p.A.
via dei Lavoratori, 78
20092 Cinisello Balsamo, Milano
tel. 02 453 951 01
www.silvanaeditoriale.it

Le riproduzioni, la stampa e la rilegatura
sono state eseguite in Italia
Reproductions, printing and binding
in Italy
Stampato da / Printed by Grafiche Lang S.r.l., Genova
Finito di stampare
nel mese di luglio 2024
Printed in July 2024

MISTO
Carta | A sostegno della
gestione forestale responsabile
FSC
www.fsc.org
FSC® C116320